Vegaņu virtuve

Gaumīgas un veselīgas vegānu ēdienreizes

Liene Vega

saturu

Artišoku kaperu un artišoku sirds salāti 11
Jaukti zaļās zīdaiņu kukurūzas un artišoku sirds salāti 12
Romiešu salāti ar tomātu mērci 13
Grieķu romiešu salāti un tomātu salāti 15
Plūmju tomātu un gurķu salāti 17
Enoki sēņu un gurķu salāti 18
Tomātu un cukini salāti 19
Tomātu un gurķu salāti 20
Plūmju tomātu-sīpolu salāti 21
Kabaču un tomātu salāti 22
Mantojuma tomātu salāti 23
Enoki sēņu salāti 24
Artišoka sirds un plūmju tomātu salāti 25
Kukurūzas un plūmju tomātu salāti 26
Jauktie zaļo un tomātu salāti 27
Romiešu salātu un plūmju tomātu salāti 28
Endīvijas un Enoki sēņu salāti 30
Artišoku un tomātu salāti 31
Kāpostu un mantojuma tomātu salāti 32

Spinātu un tomātu salāti 33

Mesclun un Enoki sēņu salāti 34

Romiešu salāti un gurķu salāti 35

Kāpostu spinātu un cukini salāti 36

Artišoku kāpostu un Enoki sēņu salāti 37

Endīvijas un artišoku salāti 38

Endīvijas un cukini salāti 40

Mesclun un Romaine salātu salāti 41

Jauktie zaļo un tomātu salāti 42

Romiešu salāti un endīvijas salāti 43

Artišoku un kāpostu salāti 44

Kāpostu un spinātu salāti 45

Burkānu un plūmju tomātu salāti 46

Kukurūzas un plūmju tomātu salāti 47

Jauktie zaļo un bērnu burkānu salāti 48

Romaine salāti un mazuļu kukurūzas salāti 49

Kukurūzas un endīvijas salāti 50

Ziedkāpostu un tomātu salāti 52

Brokoļu un tomātu salāti 53

Spinātu un ziedkāpostu salāti 54

Kāpostu un brokoļu salāti 55

Kāpostu spinātu un brokoļu salāti 56

Artišoku kāpostu un brokoļu salāti 57

Kukurūzas un endīvijas salāti 58

Jauktie zaļo un bērnu burkānu salāti 59

Tomātu un mazuļu kukurūzas salāti 60

Enoki un mazuļu kukurūzas salāti 62

Tomātu endīvijas un artišoku salāti 63

Kāpostu plūmju tomātu un sīpolu salāti 64

Spinātu plūmju tomātu un sīpolu salāti 65

Ūdenskreses un cukini salāti 66

Mango tomātu un gurķu salāti 67

Persiku tomātu un sīpolu salāti 68

Melnie vīnogu tomāti un baltie sīpoli 69

Sarkano vīnogu tomātu un cukini salāti 70

Sarkano kāpostu plūmju tomātu un sīpolu salāti 71

Napa kāpostu plūmju tomātu un gurķu salāti 72

Sarkano un napa kāpostu salāti 73

Melno un sarkano vīnogu salāti 74

Mango persiku un gurķu salāti 75

Enoki kreses sēņu un cukini salāti 76

Kāposti ar spinātiem un gurķu salātiem 78

Kāpostu tomātu un cukini salāti 79

Spinātu plūmju tomātu un gurķu salāti 80

Kreses tomātu un gurķu salāti 81

Mango mantojuma tomātu un gurķu salāti 82

Persiku un tomātu salāti 83

Melno vīnogu un plūmju tomātu salāti 84

Sarkano vīnogu un cukini salāti 85

Sarkano kāpostu un tomātu salāti 86

Napa kāpostu Enoki sēņu un gurķu salāti 87

Tomātu un gurķu salāti ar ananāsiem 88

Ābolu plūmju tomātu un gurķu salāti 89

Ķiršu tomātu un sīpolu salāti 90

Skābie un tomātu salāti 91

Tomātu un kukurūzas salāti 92

Sarkano kāpostu artišoku un gurķu salāti 94

Kukurūzas, sarkano kāpostu un artišoku salāti 95

Marinēti gurķi Vīnogu un kukurūzas salāti 96

Persiku ķiršu un melno vīnogu salāti 97

Ananāsu mango un ābolu salāti 98

Kāpostu spinātu un kreses salāti 99

Ūdenskreses ananāsu un mango salāti 100

Tomātu Ābolu un persiku salāti 101

Enoki sēņu kukurūzas un sarkano kāpostu salāti 102

Tomātu un ābolu salāti 103

Tomātu sālījumi un vīnogu salāti 105

Sarkano kāpostu artišoku un gurķu salāti 106

Ananāsu mango ābolu un gurķu salāti 107

Artišoka Napa kāpostu un gurķu salāti 108

Tomātu kāpostu un burkānu salāti 109

Napa kāpostu burkānu un gurķu salāti 110

Fettuccini un zaļās olīvas 111

Spageti ar sviesta pupiņām un melnajām pupiņām 113

Spageti ar chorizo un pupiņām 115

Pappardelle makaroni ar tomātiem un vegānu sieru 117

Makaroni un Garbanzo pupiņas 119

Farfalle makaroni pikantā chimichurri mērcē 121

Elkoņa makaroni ar ziemeļu pupiņām 123

Spageti ar zaļajām olīvām un papriku 125

Pilngraudu makaroni ar vegānisku krēmsieru 127

Penne makaroni ar chorizo 129

Papardelle makaroni ar fava pupiņām 131

Lēni vārīti fetučīni ar sviesta pupiņām 133

Lēni vārīti makaronu čaumalas ar Chimichurri mērci 136

Lēni vārīti Farfalle makaroni ar Garbanzo pupiņām 138

Lēni vārīti spageti ar pupiņām un papriku 140

Lēni gatavoti pikanti makaroni un vegānu siers 142

Penne makaroni ar pesto 144

Pappardelle makaroni ar melnajām pupiņām un sviesta pupiņām
.... 146

Makaroni un vegāns Chorizo 148

Makaronu čaumalas ar pikanto chimichurri mērci 150

Lēni vārīta farfalle ar olīvām 152

Lēni vārīti Penne makaroni 154

Lēni vārīti fetučīni ar pinto pupiņām 156

Lēni vārīti itāļu spageti ar pupiņām 158

Lēni vārīti pappardelle makaroni 161

Lēni vārīti elkoņa makaroni un zaļie saldie pipari ar vegānu chorizo un zaļajām olīvām 163

Lēni vārīti makaronu čaumalas ar kaperiem 165

Lēni vārīti Penne makaroni ar olīvām un kaperiem 167

Elkoņa makaroni ar olīvām un kaperiem... 169

Lēni vārīti Farfalle makaroni ar kaperiem 171

Elkoņa makaroni Puttanesca 173

Spageti Puttanesca 175

Pappardelle Pasta Puttanesca 177

Penne makaroni ar zaļajiem tomātiem Chimichurri mērcē.......... 179

Krēmveida Elbow Mac un vegānu siers... 182

Farfalle makaroni ar vegānu krējuma siera tomātu mērci 184

Makaronu čaumalas ar tomātu mērci 186

Elkoņa makaroni ar sarkano pesto.. 188

Pappardelle makaroni ar 2 veidu pesto 190

Penne makaroni ar kaperiem un vegānisku chorizo 192

Garbanzo pupiņas ar kvinoju 194

Vegāns Bolognese 196

Brūno rīsu vegānu burrito bļoda 198

Balto pupiņu burrito bļoda ar Chimichurri mērci 200

Garbanzo pupiņu burrito bļoda ar pesto 202

Melno rīsu burrito bļoda ar vegāniem Chorizos 204

Franču stila burrito bļoda 207

Chipotle Burrito bļoda..209

Plūmju tomātu artišoka un napas kāpostu salāti................................211

Marinēti gurķi, vīnogas un kukurūzas salāti 212

Tomatillos ķiršu un spinātu salāti 213

Ābolu sarkano kāpostu un ķiršu salāti...214

Plūmju tomātu ābolu un sarkano kāpostu salāti 215

Plūmju tomātu kāpostu ananāsu un mango salāti 216

Kāpostu ananāsu mango un gurķu salāti 217

Tomātu mango un ābolu salāti...218

Salāti un tomāts ar balzamiko glazūru...219

Artišoku kaperu un artišoku sirds salāti

Sastāvdaļas:

1 artišoks, noskalots, samīcīts un sasmalcināts

½ glāzes kaperu

½ glāzes artišoku sirsniņas

Ģērbšanās

2 ēd.k. baltvīna etiķis

4 ēdamkarotes neapstrādātas augstākā labuma olīveļļas

Svaigi malti melnie pipari

3/4 tase smalki samaltu mandeļu

Jūras sāls

Sagatavošana

Visas mērces sastāvdaļas sajauc virtuves kombainā.

Sajauc ar pārējām sastāvdaļām un labi samaisa.

Jaukti zaļās zīdaiņu kukurūzas un artišoku sirds salāti

Sastāvdaļas:

1 ķekars Mesclun, noskalots, noglaudīts un sasmalcināts

½ tase konservētas mazuļu kukurūzas

½ glāzes artišoku sirsniņas

Ģērbšanās

2 ēd.k. baltvīna etiķis

4 ēdamkarotes neapstrādātas augstākā labuma olīveļļas

Svaigi malti melnie pipari

3/4 tase smalki samaltu zemesriekstu

Jūras sāls

Sagatavošana

Visas mērces sastāvdaļas sajauc virtuves kombainā.

Sajauc ar pārējām sastāvdaļām un labi samaisa.

Romiešu salāti ar tomātu mērci

Sastāvdaļas:

1 galviņa romiešu salātu, sasmalcināta

4 lieli tomāti, izgriezti serdes un sasmalcināti

4 plānās šķēlēs sagrieztus redīsus

Ģērbšanās

6 tomāti, noskaloti un pārgriezti uz pusēm

1 halapeno, pārgriezts uz pusēm

1 ceturtdaļās sagriezts baltais sīpols

2 ēdamkarotes neapstrādātas augstākā labuma olīveļļas

Košera sāls un svaigi malti melnie pipari

1/2 tējkarotes maltas ķimenes

1 glāze bezpiena krējuma siera

2 ēdamkarotes svaigas citronu sulas

Pagatavošana/gatavošana

Uzkarsē cepeškrāsni līdz 400 grādiem F.

Mērcei uz cepešpannas liek tomatillo, halapeno un sīpolu.

Apslaka ar olīveļļu un pārkaisa ar sāli un pipariem.

Cep cepeškrāsnī 25-30 minūtes. līdz dārzeņi sāk brūnēt un nedaudz kļūst tumšāki.

Pārlej virtuves kombainā un ļauj atdzist, tad sablenderē.

Pievieno pārējās sastāvdaļas un liek ledusskapī uz stundu.

Sajauc ar pārējām sastāvdaļām un labi samaisa.

Grieķu romiešu salāti un tomātu salāti

Sastāvdaļas:

1 galviņa romiešu salātu, sasmalcināta

4 veseli nogatavojušies tomāti, katru sagriež 6 šķēlēs, tad katru šķēli pārgriež uz pusēm

1 vesels vidējs gurķis, nomizots, gareniski sadalīts ceturtdaļās un sagriezts lielos kubiņos

1/2 vesela baltā sīpola, ļoti plānās šķēlēs

30 veselas zaļās olīvas bez kauliņiem, gareniski uz pusēm, plus 6 olīvas, sasmalcinātas

6 unces drupināta vegāna siera

Svaigas pētersīļu lapas, rupji sasmalcinātas

Ģērbšanās

1/4 tase neapstrādātas augstākā labuma olīveļļas

2 ēdamkarotes baltvīna etiķa

1 tējkarote cukura vai vairāk pēc garšas

1 ķiploka daiviņa, sasmalcināta

Sāls un svaigi malti melnie pipari

½ citrona sula

Jūras sāls

Sagatavošana

Visas mērces sastāvdaļas sajauc virtuves kombainā un sablendē.

Ja nepieciešams, pievienojiet vairāk sāls.

Visas sastāvdaļas sajauc kopā.

Plūmju tomātu un gurķu salāti

Sastāvdaļas:

5 vidēji plūmju tomāti, pārgriezti uz pusēm gareniski, izsēti un plānās šķēlītēs
1/4 baltā sīpola, nomizoti, gareniski uz pusēm un plānās šķēlītēs
1 liels gurķis, gareniski uz pusēm un plānās šķēlītēs

Ģērbšanās
¼ glāzes neapstrādātas augstākā labuma olīveļļas
2 pilieni baltvīna etiķa
Rupja sāls un melnie pipari

Sagatavošana
Sajauc visas mērces sastāvdaļas.

Sajauc ar pārējām sastāvdaļām un labi samaisa.

Enoki sēņu un gurķu salāti

Sastāvdaļas:

15 Enoki sēnes, plānās šķēlītēs
1/4 baltā sīpola, nomizoti, gareniski uz pusēm un plānās šķēlītēs
1 liels gurķis, gareniski uz pusēm un plānās šķēlītēs

Ģērbšanās

¼ glāzes neapstrādātas augstākā labuma olīveļļas
2 pilieni baltvīna etiķa
Rupja sāls un melnie pipari

Sagatavošana

Sajauc visas mērces sastāvdaļas.

Sajauc ar pārējām sastāvdaļām un labi samaisa.

Tomātu un cukini salāti

Sastāvdaļas:

5 vidēji tomāti gareniski uz pusēm, izņem serdi un plānās šķēlītēs
1/4 baltā sīpola, nomizoti, gareniski uz pusēm un plānās šķēlītēs
1 liels cukini, gareniski pārgriezts uz pusēm, plānās šķēlītēs un blanšēts

Ģērbšanās
¼ glāzes neapstrādātas augstākā labuma olīveļļas
2 ēd.k. Ābolu etiķis
Rupja sāls un melnie pipari

Sagatavošana
Sajauc visas mērces sastāvdaļas.

Sajauc ar pārējām sastāvdaļām un labi samaisa.

Tomātu un gurķu salāti

Sastāvdaļas:

10 tomāti gareniski pārgriezti uz pusēm, izņemti serdes un plānās šķēlēs

1/4 baltā sīpola, nomizoti, gareniski uz pusēm un plānās šķēlītēs

1 liels gurķis, gareniski uz pusēm un plānās šķēlītēs

Ģērbšanās

¼ glāzes neapstrādātas augstākā labuma olīveļļas

2 pilieni baltvīna etiķa

Rupja sāls un melnie pipari

Sagatavošana

Sajauc visas mērces sastāvdaļas.

Sajauc ar pārējām sastāvdaļām un labi samaisa.

Plūmju tomātu-sīpolu salāti

Sastāvdaļas:

5 vidēji plūmju tomāti, pārgriezti uz pusēm gareniski, izsēti un plānās šķēlītēs

1/4 baltā sīpola, nomizoti, gareniski uz pusēm un plānās šķēlītēs

1 liels gurķis, gareniski uz pusēm un plānās šķēlītēs

Ģērbšanās

¼ glāzes neapstrādātas augstākā labuma olīveļļas

2 ēd.k. Ābolu etiķis

Rupja sāls un melnie pipari

Sagatavošana

Sajauc visas mērces sastāvdaļas.

Sajauc ar pārējām sastāvdaļām un labi samaisa.

Kabaču un tomātu salāti

Sastāvdaļas:

5 vidēji tomāti gareniski uz pusēm, izņem serdi un plānās šķēlītēs
1/4 baltā sīpola, nomizoti, gareniski uz pusēm un plānās šķēlītēs
1 liels cukini, gareniski pārgriezts uz pusēm, plānās šķēlītēs un blanšēts

Ģērbšanās
¼ glāzes neapstrādātas augstākā labuma olīveļļas
2 pilieni baltvīna etiķa
Rupja sāls un melnie pipari

Sagatavošana
Sajauc visas mērces sastāvdaļas.

Sajauc ar pārējām sastāvdaļām un labi samaisa.

Mantojuma tomātu salāti

Sastāvdaļas:

3 mantojuma tomāti, kas pārgriezti uz pusēm gareniski, izsēti un plānās šķēlēs

1/4 baltā sīpola, nomizoti, gareniski uz pusēm un plānās šķēlītēs

1 liels gurķis, gareniski uz pusēm un plānās šķēlītēs

Ģērbšanās

¼ glāzes neapstrādātas augstākā labuma olīveļļas

2 pilieni baltvīna etiķa

Rupja sāls un melnie pipari

Sagatavošana

Sajauc visas mērces sastāvdaļas.

Sajauc ar pārējām sastāvdaļām un labi samaisa.

Enoki sēņu salāti

Sastāvdaļas:

15 Enoki sēnes, plānās šķēlītēs
1/4 baltā sīpola, nomizoti, gareniski uz pusēm un plānās šķēlītēs
1 liels gurķis, gareniski uz pusēm un plānās šķēlītēs

Ģērbšanās

¼ glāzes neapstrādātas augstākā labuma olīveļļas
2 ēd.k. Ābolu etiķis
Rupja sāls un melnie pipari

Sagatavošana

Sajauc visas mērces sastāvdaļas.

Sajauc ar pārējām sastāvdaļām un labi samaisa.

Artišoka sirds un plūmju tomātu salāti

Sastāvdaļas:

6 artišoku sirdis (konservētas)

5 vidēji plūmju tomāti, pārgriezti uz pusēm gareniski, izsēti un plānās šķēlītēs

1/4 baltā sīpola, nomizoti, gareniski uz pusēm un plānās šķēlītēs

1 liels gurķis, gareniski uz pusēm un plānās šķēlītēs

Ģērbšanās

¼ glāzes neapstrādātas augstākā labuma olīveļļas

2 pilieni baltvīna etiķa

Rupja sāls un melnie pipari

Sagatavošana

Sajauc visas mērces sastāvdaļas.

Sajauc ar pārējām sastāvdaļām un labi samaisa.

Kukurūzas un plūmju tomātu salāti

Sastāvdaļas:

½ tase konservētas mazuļu kukurūzas

5 vidēji plūmju tomāti, pārgriezti uz pusēm gareniski, izsēti un plānās šķēlītēs

1/4 baltā sīpola, nomizoti, gareniski uz pusēm un plānās šķēlītēs

1 liels cukini, gareniski pārgriezts uz pusēm, plānās šķēlītēs un blanšēts

Ģērbšanās

¼ glāzes neapstrādātas augstākā labuma olīveļļas

2 pilieni baltvīna etiķa

Rupja sāls un melnie pipari

Sagatavošana

Sajauc visas mērces sastāvdaļas.

Sajauc ar pārējām sastāvdaļām un labi samaisa.

Jauktie zaļo un tomātu salāti

Sastāvdaļas:

1 ķekars Meslcun, noskalots un notecināts

5 vidēji tomāti gareniski uz pusēm, izņem serdi un plānās šķēlītēs

1/4 baltā sīpola, nomizoti, gareniski uz pusēm un plānās šķēlītēs

1 liels gurķis, gareniski uz pusēm un plānās šķēlītēs

Ģērbšanās

¼ glāzes neapstrādātas augstākā labuma olīveļļas

2 ēd.k. Ābolu etiķis

Rupja sāls un melnie pipari

Sagatavošana

Sajauc visas mērces sastāvdaļas.

Sajauc ar pārējām sastāvdaļām un labi samaisa.

Romiešu salātu un plūmju tomātu salāti

Sastāvdaļas:

1 ķekars romiešu salātu, noskalots un nosusināts

5 vidēji plūmju tomāti, pārgriezti uz pusēm gareniski, izsēti un plānās šķēlītēs

1/4 baltā sīpola, nomizoti, gareniski uz pusēm un plānās šķēlītēs

1 liels gurķis, gareniski uz pusēm un plānās šķēlītēs

Ģērbšanās

¼ glāzes neapstrādātas augstākā labuma olīveļļas

2 pilieni baltvīna etiķa

Rupja sāls un melnie pipari

Sagatavošana

Sajauc visas mērces sastāvdaļas.

Sajauc ar pārējām sastāvdaļām un labi samaisa.

Endīvijas un Enoki sēņu salāti

Sastāvdaļas:

1 ķekars endīviju, noskalots un nosusināts

15 Enoki sēnes, plānās šķēlītēs

1/4 baltā sīpola, nomizoti, gareniski uz pusēm un plānās šķēlītēs

1 liels gurķis, gareniski uz pusēm un plānās šķēlītēs

Ģērbšanās

¼ glāzes neapstrādātas augstākā labuma olīveļļas

2 pilieni baltvīna etiķa

Rupja sāls un melnie pipari

Sagatavošana

Sajauc visas mērces sastāvdaļas.

Sajauc ar pārējām sastāvdaļām un labi samaisa.

Artišoku un tomātu salāti

Sastāvdaļas:

1 artišoks, noskalots un notecināts

5 vidēji tomāti gareniski uz pusēm, izņem serdi un plānās šķēlītēs

1/4 baltā sīpola, nomizoti, gareniski uz pusēm un plānās šķēlītēs

1 liels cukini, gareniski pārgriezts uz pusēm, plānās šķēlītēs un blanšēts

Ģērbšanās

¼ glāzes neapstrādātas augstākā labuma olīveļļas

2 pilieni baltvīna etiķa

Rupja sāls un melnie pipari

Sagatavošana

Sajauc visas mērces sastāvdaļas.

Sajauc ar pārējām sastāvdaļām un labi samaisa.

Kāpostu un mantojuma tomātu salāti

Sastāvdaļas:

1 ķekars kāpostu, noskalots un notecināts

3 mantojuma tomāti, kas pārgriezti uz pusēm gareniski, izsēti un plānās šķēlēs

1/4 baltā sīpola, nomizoti, gareniski uz pusēm un plānās šķēlītēs

1 liels gurķis, gareniski uz pusēm un plānās šķēlītēs

Ģērbšanās

¼ glāzes neapstrādātas augstākā labuma olīveļļas

2 ēd.k. Ābolu etiķis

Rupja sāls un melnie pipari

Sagatavošana

Sajauc visas mērces sastāvdaļas.

Sajauc ar pārējām sastāvdaļām un labi samaisa.

Spinātu un tomātu salāti

Sastāvdaļas:

1 ķekars spinātu, noskalo un notecina

10 tomāti gareniski pārgriezti uz pusēm, izņemti serdes un plānās šķēlēs

1/4 baltā sīpola, nomizoti, gareniski uz pusēm un plānās šķēlītēs

1 liels gurķis, gareniski uz pusēm un plānās šķēlītēs

Ģērbšanās

¼ glāzes neapstrādātas augstākā labuma olīveļļas

2 pilieni baltvīna etiķa

Rupja sāls un melnie pipari

Sagatavošana

Sajauc visas mērces sastāvdaļas.

Sajauc ar pārējām sastāvdaļām un labi samaisa.

Mesclun un Enoki sēņu salāti

Sastāvdaļas:

1 ķekars Meslcun, noskalots un notecināts

15 Enoki sēnes, plānās šķēlītēs

1/4 baltā sīpola, nomizoti, gareniski uz pusēm un plānās šķēlītēs

1 liels gurķis, gareniski uz pusēm un plānās šķēlītēs

Ģērbšanās

¼ glāzes neapstrādātas augstākā labuma olīveļļas

2 pilieni baltvīna etiķa

Rupja sāls un melnie pipari

Sagatavošana

Sajauc visas mērces sastāvdaļas.

Sajauc ar pārējām sastāvdaļām un labi samaisa.

Romiešu salāti un gurķu salāti

Sastāvdaļas:

1 ķekars romiešu salātu, noskalots un nosusināts

5 vidēji plūmju tomāti, pārgriezti uz pusēm gareniski, izsēti un plānās šķēlītēs

1/4 baltā sīpola, nomizoti, gareniski uz pusēm un plānās šķēlītēs

1 liels gurķis, gareniski uz pusēm un plānās šķēlītēs

Ģērbšanās

¼ glāzes neapstrādātas augstākā labuma olīveļļas

2 ēd.k. Ābolu etiķis

Rupja sāls un melnie pipari

Sagatavošana

Sajauc visas mērces sastāvdaļas.

Sajauc ar pārējām sastāvdaļām un labi samaisa.

Kāpostu spinātu un cukini salāti

Sastāvdaļas:

1 ķekars kāpostu, noskalots un notecināts

1 ķekars spinātu, noskalo un notecina

1/4 baltā sīpola, nomizoti, gareniski uz pusēm un plānās šķēlītēs

1 liels cukini, gareniski pārgriezts uz pusēm, plānās šķēlītēs un blanšēts

Ģērbšanās

¼ glāzes neapstrādātas augstākā labuma olīveļļas

2 pilieni baltvīna etiķa

Rupja sāls un melnie pipari

Sagatavošana

Sajauc visas mērces sastāvdaļas.

Sajauc ar pārējām sastāvdaļām un labi samaisa.

Artišoku kāpostu un Enoki sēņu salāti

Sastāvdaļas:

1 artišoks, noskalots un notecināts

1 ķekars kāpostu, noskalots un notecināts

15 Enoki sēnes, plānās šķēlītēs

1/4 baltā sīpola, nomizoti, gareniski uz pusēm un plānās šķēlītēs

1 liels gurķis, gareniski uz pusēm un plānās šķēlītēs

Ģērbšanās

¼ glāzes neapstrādātas augstākā labuma olīveļļas

2 pilieni baltvīna etiķa

Rupja sāls un melnie pipari

Sagatavošana

Sajauc visas mērces sastāvdaļas.

Sajauc ar pārējām sastāvdaļām un labi samaisa.

Endīvijas un artišoku salāti

Sastāvdaļas:

1 ķekars endīviju, noskalots un nosusināts

1 artišoks, noskalots un notecināts

1 liels gurķis, gareniski uz pusēm un plānās šķēlītēs

Ģērbšanās

¼ glāzes neapstrādātas augstākā labuma olīveļļas

2 pilieni baltvīna etiķa

Rupja sāls un melnie pipari

Sagatavošana

Sajauc visas mērces sastāvdaļas.

Sajauc ar pārējām sastāvdaļām un labi samaisa.

Endīvijas un cukini salāti

Sastāvdaļas:

1 ķekars romiešu salātu, noskalots un nosusināts

1 ķekars endīviju, noskalots un nosusināts

1 liels cukini, gareniski pārgriezts uz pusēm, plānās šķēlītēs un blanšēts

Ģērbšanās

¼ glāzes neapstrādātas augstākā labuma olīveļļas

2 pilieni baltvīna etiķa

Rupja sāls un melnie pipari

Sagatavošana

Sajauc visas mērces sastāvdaļas.

Sajauc ar pārējām sastāvdaļām un labi samaisa.

Mesclun un Romaine salātu salāti

Sastāvdaļas:

1 ķekars Meslcun, noskalots un notecināts

1 ķekars romiešu salātu, noskalots un nosusināts

1/4 baltā sīpola, nomizoti, gareniski uz pusēm un plānās šķēlītēs

1 liels gurķis, gareniski uz pusēm un plānās šķēlītēs

Ģērbšanās

¼ glāzes neapstrādātas augstākā labuma olīveļļas

2 ēd.k. Ābolu etiķis

Rupja sāls un melnie pipari

Sagatavošana

Sajauc visas mērces sastāvdaļas.

Sajauc ar pārējām sastāvdaļām un labi samaisa.

Jauktie zaļo un tomātu salāti

Sastāvdaļas:

1 ķekars Meslcun, noskalots un notecināts

1 ķekars romiešu salātu, noskalots un nosusināts

10 tomāti gareniski pārgriezti uz pusēm, izņemti serdes un plānās šķēlēs

1/4 baltā sīpola, nomizoti, gareniski uz pusēm un plānās šķēlītēs

1 liels cukini, gareniski pārgriezts uz pusēm, plānās šķēlītēs un blanšēts

Ģērbšanās

¼ glāzes neapstrādātas augstākā labuma olīveļļas

2 pilieni baltvīna etiķa

Rupja sāls un melnie pipari

Sagatavošana

Sajauc visas mērces sastāvdaļas.

Sajauc ar pārējām sastāvdaļām un labi samaisa.

Romiešu salāti un endīvijas salāti

Sastāvdaļas:

1 ķekars romiešu salātu, noskalots un nosusināts

1 ķekars endīviju, noskalots un nosusināts

5 vidēji plūmju tomāti, pārgriezti uz pusēm gareniski, izsēti un plānās šķēlītēs

1/4 baltā sīpola, nomizoti, gareniski uz pusēm un plānās šķēlītēs

1 liels gurķis, gareniski uz pusēm un plānās šķēlītēs

Ģērbšanās

¼ glāzes neapstrādātas augstākā labuma olīveļļas

2 pilieni baltvīna etiķa

Rupja sāls un melnie pipari

Sagatavošana

Sajauc visas mērces sastāvdaļas.

Sajauc ar pārējām sastāvdaļām un labi samaisa.

Artišoku un kāpostu salāti

Sastāvdaļas:

1 artišoks, noskalots un notecināts

1 ķekars kāpostu, noskalots un notecināts

3 mantojuma tomāti, kas pārgriezti uz pusēm gareniski, izsēti un plānās šķēlēs

1/4 baltā sīpola, nomizoti, gareniski uz pusēm un plānās šķēlītēs

1 liels gurķis, gareniski uz pusēm un plānās šķēlītēs

Ģērbšanās

¼ glāzes neapstrādātas augstākā labuma olīveļļas

2 pilieni baltvīna etiķa

Rupja sāls un melnie pipari

Sagatavošana

Sajauc visas mērces sastāvdaļas.

Sajauc ar pārējām sastāvdaļām un labi samaisa.

Kāpostu un spinātu salāti

Sastāvdaļas:

1 ķekars kāpostu, noskalots un notecināts

1 ķekars spinātu, noskalo un notecina

15 Enoki sēnes, plānās šķēlītēs

1/4 baltā sīpola, nomizoti, gareniski uz pusēm un plānās šķēlītēs

1 liels gurķis, gareniski uz pusēm un plānās šķēlītēs

Ģērbšanās

¼ glāzes neapstrādātas augstākā labuma olīveļļas

2 pilieni baltvīna etiķa

Rupja sāls un melnie pipari

Sagatavošana

Sajauc visas mērces sastāvdaļas.

Sajauc ar pārējām sastāvdaļām un labi samaisa.

Burkānu un plūmju tomātu salāti

Sastāvdaļas:

1 glāze mazuļu burkāni, sasmalcināti

5 vidēji plūmju tomāti, pārgriezti uz pusēm gareniski, izsēti un plānās šķēlītēs

1/4 baltā sīpola, nomizoti, gareniski uz pusēm un plānās šķēlītēs

1 liels gurķis, gareniski uz pusēm un plānās šķēlītēs

Ģērbšanās

¼ glāzes neapstrādātas augstākā labuma olīveļļas

2 ēd.k. Ābolu etiķis

Rupja sāls un melnie pipari

Sagatavošana

Sajauc visas mērces sastāvdaļas.

Sajauc ar pārējām sastāvdaļām un labi samaisa.

Kukurūzas un plūmju tomātu salāti

Sastāvdaļas:

1 glāze zīdaiņu kukurūzas (konservēta), nosusināta

5 vidēji plūmju tomāti, pārgriezti uz pusēm gareniski, izsēti un plānās šķēlītēs

1/4 baltā sīpola, nomizoti, gareniski uz pusēm un plānās šķēlītēs

1 liels cukini, gareniski pārgriezts uz pusēm, plānās šķēlītēs un blanšēts

Ģērbšanās

¼ glāzes neapstrādātas augstākā labuma olīveļļas

2 pilieni baltvīna etiķa

Rupja sāls un melnie pipari

Sagatavošana

Sajauc visas mērces sastāvdaļas.

Sajauc ar pārējām sastāvdaļām un labi samaisa.

Jauktie zaļo un bērnu burkānu salāti

Sastāvdaļas:
1 ķekars Meslcun, noskalots un notecināts

1 glāze mazuļu burkāni, sasmalcināti

1 liels gurķis, gareniski uz pusēm un plānās šķēlītēs

Ģērbšanās
¼ glāzes neapstrādātas augstākā labuma olīveļļas

2 pilieni baltvīna etiķa

Rupja sāls un melnie pipari

Sagatavošana
Sajauc visas mērces sastāvdaļas.

Sajauc ar pārējām sastāvdaļām un labi samaisa.

Romaine salāti un mazuļu kukurūzas salāti

Sastāvdaļas:

1 ķekars romiešu salātu, noskalots un nosusināts

1 glāze zīdaiņu kukurūzas (konservēta), nosusināta

1 liels gurķis, gareniski uz pusēm un plānās šķēlītēs

Ģērbšanās

¼ glāzes neapstrādātas augstākā labuma olīveļļas

2 pilieni baltvīna etiķa

Rupja sāls un melnie pipari

Sagatavošana

Sajauc visas mērces sastāvdaļas.

Sajauc ar pārējām sastāvdaļām un labi samaisa.

Kukurūzas un endīvijas salāti

Sastāvdaļas:

1 glāze zīdaiņu kukurūzas (konservēta), nosusināta

1 ķekars endīviju, noskalots un nosusināts

1/4 baltā sīpola, nomizoti, gareniski uz pusēm un plānās šķēlītēs

1 liels cukini, gareniski pārgriezts uz pusēm, plānās šķēlītēs un blanšēts

Ģērbšanās

¼ glāzes neapstrādātas augstākā labuma olīveļļas

2 ēd.k. Ābolu etiķis

Rupja sāls un melnie pipari

Sagatavošana

Sajauc visas mērces sastāvdaļas.

Sajauc ar pārējām sastāvdaļām un labi samaisa.

Ziedkāpostu un tomātu salāti

Sastāvdaļas:

9 ziedkāpostu ziedi, blanšēti un nosusināti

10 tomāti gareniski pārgriezti uz pusēm, izņemti serdes un plānās šķēlēs

1/4 baltā sīpola, nomizoti, gareniski uz pusēm un plānās šķēlītēs

1 liels gurķis, gareniski uz pusēm un plānās šķēlītēs

Ģērbšanās

¼ glāzes neapstrādātas augstākā labuma olīveļļas

2 pilieni baltvīna etiķa

Rupja sāls un melnie pipari

Sagatavošana

Sajauc visas mērces sastāvdaļas.

Sajauc ar pārējām sastāvdaļām un labi samaisa.

Brokoļu un tomātu salāti

Sastāvdaļas:

8 brokoļu ziedi, blanšēti un nosusināti

10 tomāti gareniski pārgriezti uz pusēm, izņemti serdes un plānās šķēlēs

1/4 baltā sīpola, nomizoti, gareniski uz pusēm un plānās šķēlītēs

1 liels gurķis, gareniski uz pusēm un plānās šķēlītēs

Ģērbšanās

¼ glāzes neapstrādātas augstākā labuma olīveļļas

2 pilieni baltvīna etiķa

Rupja sāls un melnie pipari

Sagatavošana

Sajauc visas mērces sastāvdaļas.

Sajauc ar pārējām sastāvdaļām un labi samaisa.

Spinātu un ziedkāpostu salāti

Sastāvdaļas:

1 ķekars spinātu, noskalo un notecina

9 ziedkāpostu ziedi, blanšēti un nosusināti

1 liels cukini, gareniski pārgriezts uz pusēm, plānās šķēlītēs un blanšēts

Ģērbšanās

¼ glāzes neapstrādātas augstākā labuma olīveļļas

2 pilieni baltvīna etiķa

Rupja sāls un melnie pipari

Sagatavošana

Sajauc visas mērces sastāvdaļas.

Sajauc ar pārējām sastāvdaļām un labi samaisa.

Kāpostu un brokoļu salāti

Sastāvdaļas:

1 ķekars kāpostu, noskalots un notecināts
8 brokoļu ziedi, blanšēti un nosusināti
1 liels gurķis, gareniski uz pusēm un plānās šķēlītēs

Ģērbšanās

¼ glāzes neapstrādātas augstākā labuma olīveļļas
2 pilieni baltvīna etiķa
Rupja sāls un melnie pipari

Sagatavošana

Sajauc visas mērces sastāvdaļas.

Sajauc ar pārējām sastāvdaļām un labi samaisa.

Kāpostu spinātu un brokoļu salāti

Sastāvdaļas:

1 ķekars kāpostu, noskalots un notecināts

8 brokoļu ziedi, blanšēti un nosusināti

1 ķekars spinātu, noskalo un notecina

Ģērbšanās

¼ glāzes neapstrādātas augstākā labuma olīveļļas

2 pilieni baltvīna etiķa

Rupja sāls un melnie pipari

Sagatavošana

Sajauc visas mērces sastāvdaļas.

Sajauc ar pārējām sastāvdaļām un labi samaisa.

Artišoku kāpostu un brokoļu salāti

Sastāvdaļas:

1 artišoks, noskalots un notecināts

1 ķekars kāpostu, noskalots un notecināts

8 brokoļu ziedi, blanšēti un nosusināti

Ģērbšanās

¼ glāzes neapstrādātas augstākā labuma olīveļļas

2 pilieni baltvīna etiķa

Rupja sāls un melnie pipari

Sagatavošana

Sajauc visas mērces sastāvdaļas.

Sajauc ar pārējām sastāvdaļām un labi samaisa.

Kukurūzas un endīvijas salāti

Sastāvdaļas:

1 glāze zīdaiņu kukurūzas (konservēta), nosusināta
1 ķekars endīviju, noskalots un nosusināts
1 artišoks, noskalots un notecināts

Ģērbšanās

¼ glāzes neapstrādātas augstākā labuma olīveļļas
2 ēd.k. Ābolu etiķis
Rupja sāls un melnie pipari

Sagatavošana

Sajauc visas mērces sastāvdaļas.

Sajauc ar pārējām sastāvdaļām un labi samaisa.

Jauktie zaļo un bērnu burkānu salāti

Sastāvdaļas:

1 ķekars Meslcun, noskalots un notecināts

1 glāze mazuļu burkāni, sasmalcināti

1 ķekars romiešu salātu, noskalots un nosusināts

Ģērbšanās

¼ glāzes neapstrādātas augstākā labuma olīveļļas

2 pilieni baltvīna etiķa

Rupja sāls un melnie pipari

Sagatavošana

Sajauc visas mērces sastāvdaļas.

Sajauc ar pārējām sastāvdaļām un labi samaisa.

Tomātu un mazuļu kukurūzas salāti

Sastāvdaļas:

10 tomāti gareniski pārgriezti uz pusēm, izņemti serdes un plānās šķēlēs

1 glāze zīdaiņu kukurūzas (konservēta), nosusināta

1 ķekars endīviju, noskalots un nosusināts

1 artišoks, noskalots un notecināts

Ģērbšanās

¼ glāzes neapstrādātas augstākā labuma olīveļļas

2 pilieni baltvīna etiķa

Rupja sāls un melnie pipari

Sagatavošana

Sajauc visas mērces sastāvdaļas.

Sajauc ar pārējām sastāvdaļām un labi samaisa.

Enoki un mazuļu kukurūzas salāti

Sastāvdaļas:

15 Enoki sēnes, plānās šķēlītēs

1 glāze zīdaiņu kukurūzas (konservēta), nosusināta

1 ķekars endīviju, noskalots un nosusināts

1 artišoks, noskalots un notecināts

Ģērbšanās

¼ glāzes neapstrādātas augstākā labuma olīveļļas

2 ēd.k. Ābolu etiķis

Rupja sāls un melnie pipari

Sagatavošana

Sajauc visas mērces sastāvdaļas.

Sajauc ar pārējām sastāvdaļām un labi samaisa.

Tomātu endīvijas un artišoku salāti

Sastāvdaļas:

3 mantojuma tomāti, kas pārgriezti uz pusēm gareniski, izsēti un plānās šķēlēs

1 ķekars endīviju, noskalots un nosusināts

1 artišoks, noskalots un notecināts

1 ķekars kāpostu, noskalots un notecināts

Ģērbšanās

¼ glāzes neapstrādātas augstākā labuma olīveļļas

2 pilieni baltvīna etiķa

Rupja sāls un melnie pipari

Sagatavošana

Sajauc visas mērces sastāvdaļas.

Sajauc ar pārējām sastāvdaļām un labi samaisa.

Kāpostu plūmju tomātu un sīpolu salāti

Sastāvdaļas:

1 ķekars kāpostu, noskalo un notecina

5 vidēji plūmju tomāti, pārgriezti uz pusēm gareniski, izsēti un plānās šķēlītēs

1/4 baltā sīpola, nomizoti, gareniski uz pusēm un plānās šķēlītēs

1 liels gurķis, gareniski uz pusēm un plānās šķēlītēs

Ģērbšanās

¼ glāzes neapstrādātas augstākā labuma olīveļļas

2 pilieni baltvīna etiķa

Rupja sāls un melnie pipari

Sagatavošana

Sajauc visas mērces sastāvdaļas.

Sajauc ar pārējām sastāvdaļām un labi samaisa.

Spinātu plūmju tomātu un sīpolu salāti

Sastāvdaļas:

1 ķekars spinātu, noskalo un notecina

5 vidēji plūmju tomāti, pārgriezti uz pusēm gareniski, izsēti un plānās šķēlītēs

1/4 baltā sīpola, nomizoti, gareniski uz pusēm un plānās šķēlītēs

1 liels gurķis, gareniski uz pusēm un plānās šķēlītēs

Ģērbšanās

¼ glāzes neapstrādātas augstākā labuma olīveļļas

2 pilieni baltvīna etiķa

Rupja sāls un melnie pipari

Sagatavošana

Sajauc visas mērces sastāvdaļas.

Sajauc ar pārējām sastāvdaļām un labi samaisa.

Ūdenskreses un cukini salāti

Sastāvdaļas:

1 ķekars ūdenskreses, noskalotas un notecinātas

5 vidēji plūmju tomāti, pārgriezti uz pusēm gareniski, izsēti un plānās šķēlītēs

1/4 baltā sīpola, nomizoti, gareniski uz pusēm un plānās šķēlītēs

1 liels cukini, gareniski pārgriezts uz pusēm, plānās šķēlītēs un blanšēts

Ģērbšanās

¼ glāzes neapstrādātas augstākā labuma olīveļļas

2 ēd.k. Ābolu etiķis

Rupja sāls un melnie pipari

Sagatavošana

Sajauc visas mērces sastāvdaļas.

Sajauc ar pārējām sastāvdaļām un labi samaisa.

Mango tomātu un gurķu salāti

Sastāvdaļas:

1 glāze kubiņos sagrieztu mango

5 vidēji plūmju tomāti, pārgriezti uz pusēm gareniski, izsēti un plānās šķēlītēs

1/4 baltā sīpola, nomizoti, gareniski uz pusēm un plānās šķēlītēs

1 liels gurķis, gareniski uz pusēm un plānās šķēlītēs

Ģērbšanās

¼ glāzes neapstrādātas augstākā labuma olīveļļas

2 pilieni baltvīna etiķa

Rupja sāls un melnie pipari

Sagatavošana

Sajauc visas mērces sastāvdaļas.

Sajauc ar pārējām sastāvdaļām un labi samaisa.

Persiku tomātu un sīpolu salāti

Sastāvdaļas:

1 glāze kubiņos sagrieztu persiku

5 vidēji tomāti gareniski uz pusēm, izņem serdi un plānās šķēlītēs

1/4 baltā sīpola, nomizoti, gareniski uz pusēm un plānās šķēlītēs

1 liels gurķis, gareniski uz pusēm un plānās šķēlītēs

Ģērbšanās

¼ glāzes neapstrādātas augstākā labuma olīveļļas

2 pilieni baltvīna etiķa

Rupja sāls un melnie pipari

Sagatavošana

Sajauc visas mērces sastāvdaļas.

Sajauc ar pārējām sastāvdaļām un labi samaisa.

Melnie vīnogu tomāti un baltie sīpoli

Sastāvdaļas:

12 gab. melnās vīnogas

10 tomāti gareniski pārgriezti uz pusēm, izņemti serdes un plānās šķēlēs

1/4 baltā sīpola, nomizoti, gareniski uz pusēm un plānās šķēlītēs

1 liels gurķis, gareniski uz pusēm un plānās šķēlītēs

Ģērbšanās

¼ glāzes neapstrādātas augstākā labuma olīveļļas

2 pilieni baltvīna etiķa

Rupja sāls un melnie pipari

Sagatavošana

Sajauc visas mērces sastāvdaļas.

Sajauc ar pārējām sastāvdaļām un labi samaisa.

Sarkano vīnogu tomātu un cukini salāti

Sastāvdaļas:

10 gab. sarkanās vīnogas

3 mantojuma tomāti, kas pārgriezti uz pusēm gareniski, izsēti un plānās šķēlēs

1/4 baltā sīpola, nomizoti, gareniski uz pusēm un plānās šķēlītēs

1 liels cukini, gareniski pārgriezts uz pusēm, plānās šķēlītēs un blanšēts

Ģērbšanās

¼ glāzes neapstrādātas augstākā labuma olīveļļas

2 pilieni baltvīna etiķa

Rupja sāls un melnie pipari

Sagatavošana

Sajauc visas mērces sastāvdaļas.

Sajauc ar pārējām sastāvdaļām un labi samaisa.

Sarkano kāpostu plūmju tomātu un sīpolu salāti

Sastāvdaļas:

1/2 vidēja sarkanā kāposta, plānās šķēlēs

5 vidēji plūmju tomāti, pārgriezti uz pusēm gareniski, izsēti un plānās šķēlītēs

1/4 baltā sīpola, nomizoti, gareniski uz pusēm un plānās šķēlītēs

1 liels gurķis, gareniski uz pusēm un plānās šķēlītēs

Ģērbšanās

¼ glāzes neapstrādātas augstākā labuma olīveļļas

2 ēd.k. Ābolu etiķis

Rupja sāls un melnie pipari

Sagatavošana

Sajauc visas mērces sastāvdaļas.

Sajauc ar pārējām sastāvdaļām un labi samaisa.

Napa kāpostu plūmju tomātu un gurķu salāti

Sastāvdaļas:

1/2 vidēja Napa kāpostu, plānās šķēlēs

5 vidēji plūmju tomāti, pārgriezti uz pusēm gareniski, izsēti un plānās šķēlītēs

1/4 baltā sīpola, nomizoti, gareniski uz pusēm un plānās šķēlītēs

1 liels gurķis, gareniski uz pusēm un plānās šķēlītēs

Ģērbšanās

¼ glāzes neapstrādātas augstākā labuma olīveļļas

2 ēd.k. Ābolu etiķis

Rupja sāls un melnie pipari

Sagatavošana

Sajauc visas mērces sastāvdaļas.

Sajauc ar pārējām sastāvdaļām un labi samaisa.

Sarkano un napa kāpostu salāti

Sastāvdaļas:

1/2 vidēja sarkanā kāposta, plānās šķēlēs

1/2 vidēja Napa kāpostu, plānās šķēlēs

1/4 baltā sīpola, nomizoti, gareniski uz pusēm un plānās šķēlītēs

1 liels cukini, gareniski pārgriezts uz pusēm, plānās šķēlītēs un blanšēts

Ģērbšanās

¼ glāzes neapstrādātas augstākā labuma olīveļļas

2 pilieni baltvīna etiķa

Rupja sāls un melnie pipari

Sagatavošana

Sajauc visas mērces sastāvdaļas.

Sajauc ar pārējām sastāvdaļām un labi samaisa.

Melno un sarkano vīnogu salāti

Sastāvdaļas:

12 gab. melnās vīnogas

10 gab. sarkanās vīnogas

1/4 baltā sīpola, nomizoti, gareniski uz pusēm un plānās šķēlītēs

1 liels gurķis, gareniski uz pusēm un plānās šķēlītēs

Ģērbšanās

¼ glāzes neapstrādātas augstākā labuma olīveļļas

2 pilieni baltvīna etiķa

Rupja sāls un melnie pipari

Sagatavošana

Sajauc visas mērces sastāvdaļas.

Sajauc ar pārējām sastāvdaļām un labi samaisa.

Mango persiku un gurķu salāti

Sastāvdaļas:

1 glāze kubiņos sagrieztu mango

1 glāze kubiņos sagrieztu persiku

1/4 baltā sīpola, nomizoti, gareniski uz pusēm un plānās šķēlītēs

1 liels gurķis, gareniski uz pusēm un plānās šķēlītēs

Ģērbšanās

¼ glāzes neapstrādātas augstākā labuma olīveļļas

2 pilieni baltvīna etiķa

Rupja sāls un melnie pipari

Sagatavošana

Sajauc visas mērces sastāvdaļas.

Sajauc ar pārējām sastāvdaļām un labi samaisa.

Enoki kreses sēņu un cukini salāti

Sastāvdaļas:

1 ķekars ūdenskreses, noskalotas un notecinātas

15 Enoki sēnes, plānās šķēlītēs

1/4 baltā sīpola, nomizoti, gareniski uz pusēm un plānās šķēlītēs

1 liels cukini, gareniski pārgriezts uz pusēm, plānās šķēlītēs un blanšēts

Ģērbšanās

¼ glāzes neapstrādātas augstākā labuma olīveļļas

2 pilieni baltvīna etiķa

Rupja sāls un melnie pipari

Sagatavošana

Sajauc visas mērces sastāvdaļas.

Sajauc ar pārējām sastāvdaļām un labi samaisa.

Kāposti ar spinātiem un gurķu salātiem

Sastāvdaļas:

1 ķekars kāpostu, noskalo un notecina

1 ķekars spinātu, noskalo un notecina

1/4 baltā sīpola, nomizoti, gareniski uz pusēm un plānās šķēlītēs

1 liels gurķis, gareniski uz pusēm un plānās šķēlītēs

Ģērbšanās

¼ glāzes neapstrādātas augstākā labuma olīveļļas

2 ēd.k. Ābolu etiķis

Rupja sāls un melnie pipari

Sagatavošana

Sajauc visas mērces sastāvdaļas.

Sajauc ar pārējām sastāvdaļām un labi samaisa.

Kāpostu tomātu un cukini salāti

Sastāvdaļas:

1 ķekars kāpostu, noskalo un notecina

5 vidēji plūmju tomāti, pārgriezti uz pusēm gareniski, izsēti un plānās šķēlītēs

1/4 baltā sīpola, nomizoti, gareniski uz pusēm un plānās šķēlītēs

1 liels cukini, gareniski pārgriezts uz pusēm, plānās šķēlītēs un blanšēts

Ģērbšanās

¼ glāzes neapstrādātas augstākā labuma olīveļļas

2 pilieni baltvīna etiķa

Rupja sāls un melnie pipari

Sagatavošana

Sajauc visas mērces sastāvdaļas.

Sajauc ar pārējām sastāvdaļām un labi samaisa.

Spinātu plūmju tomātu un gurķu salāti

Sastāvdaļas:

1 ķekars spinātu, noskalo un notecina

5 vidēji plūmju tomāti, pārgriezti uz pusēm gareniski, izsēti un plānās šķēlītēs

1/4 baltā sīpola, nomizoti, gareniski uz pusēm un plānās šķēlītēs

1 liels gurķis, gareniski uz pusēm un plānās šķēlītēs

Ģērbšanās

¼ glāzes neapstrādātas augstākā labuma olīveļļas

2 ēd.k. Ābolu etiķis

Rupja sāls un melnie pipari

Sagatavošana

Sajauc visas mērces sastāvdaļas.

Sajauc ar pārējām sastāvdaļām un labi samaisa.

Kreses tomātu un gurķu salāti

Sastāvdaļas:

1 ķekars ūdenskreses, noskalotas un notecinātas

10 tomāti gareniski pārgriezti uz pusēm, izņemti serdes un plānās šķēlēs

1/4 baltā sīpola, nomizoti, gareniski uz pusēm un plānās šķēlītēs

1 liels gurķis, gareniski uz pusēm un plānās šķēlītēs

Ģērbšanās

¼ glāzes neapstrādātas augstākā labuma olīveļļas

2 pilieni baltvīna etiķa

Rupja sāls un melnie pipari

Sagatavošana

Sajauc visas mērces sastāvdaļas.

Sajauc ar pārējām sastāvdaļām un labi samaisa.

Mango mantojuma tomātu un gurķu salāti

Sastāvdaļas:

1 glāze kubiņos sagrieztu mango

3 mantojuma tomāti, kas pārgriezti uz pusēm gareniski, izsēti un plānās šķēlēs

1/4 baltā sīpola, nomizoti, gareniski uz pusēm un plānās šķēlītēs

1 liels gurķis, gareniski uz pusēm un plānās šķēlītēs

Ģērbšanās

¼ glāzes neapstrādātas augstākā labuma olīveļļas

2 pilieni baltvīna etiķa

Rupja sāls un melnie pipari

Sagatavošana

Sajauc visas mērces sastāvdaļas.

Sajauc ar pārējām sastāvdaļām un labi samaisa.

Persiku un tomātu salāti

Sastāvdaļas:

1 glāze kubiņos sagrieztu persiku

5 vidēji tomāti gareniski uz pusēm, izņem serdi un plānās šķēlītēs

1/4 baltā sīpola, nomizoti, gareniski uz pusēm un plānās šķēlītēs

1 liels gurķis, gareniski uz pusēm un plānās šķēlītēs

Ģērbšanās

¼ glāzes neapstrādātas augstākā labuma olīveļļas

2 ēd.k. Ābolu etiķis

Rupja sāls un melnie pipari

Sagatavošana

Sajauc visas mērces sastāvdaļas.

Sajauc ar pārējām sastāvdaļām un labi samaisa.

Melno vīnogu un plūmju tomātu salāti

Sastāvdaļas:

12 gab. melnās vīnogas

5 vidēji plūmju tomāti, pārgriezti uz pusēm gareniski, izsēti un plānās šķēlītēs

1/4 baltā sīpola, nomizoti, gareniski uz pusēm un plānās šķēlītēs

1 liels gurķis, gareniski uz pusēm un plānās šķēlītēs

Ģērbšanās

¼ glāzes neapstrādātas augstākā labuma olīveļļas

2 pilieni baltvīna etiķa

Rupja sāls un melnie pipari

Sagatavošana

Sajauc visas mērces sastāvdaļas.

Sajauc ar pārējām sastāvdaļām un labi samaisa.

Sarkano vīnogu un cukini salāti

Sastāvdaļas:

10 gab. sarkanās vīnogas

5 vidēji plūmju tomāti, pārgriezti uz pusēm gareniski, izsēti un plānās šķēlītēs

1/4 baltā sīpola, nomizoti, gareniski uz pusēm un plānās šķēlītēs

1 liels cukini, gareniski pārgriezts uz pusēm, plānās šķēlītēs un blanšēts

Ģērbšanās

¼ glāzes neapstrādātas augstākā labuma olīveļļas

2 pilieni baltvīna etiķa

Rupja sāls un melnie pipari

Sagatavošana

Sajauc visas mērces sastāvdaļas.

Sajauc ar pārējām sastāvdaļām un labi samaisa.

Sarkano kāpostu un tomātu salāti

Sastāvdaļas:

1/2 vidēja sarkanā kāposta, plānās šķēlēs

10 tomāti gareniski pārgriezti uz pusēm, izņemti serdes un plānās šķēlēs

1/4 baltā sīpola, nomizoti, gareniski uz pusēm un plānās šķēlītēs

1 liels gurķis, gareniski uz pusēm un plānās šķēlītēs

Ģērbšanās

¼ glāzes neapstrādātas augstākā labuma olīveļļas

2 pilieni baltvīna etiķa

Rupja sāls un melnie pipari

Sagatavošana

Sajauc visas mērces sastāvdaļas.

Sajauc ar pārējām sastāvdaļām un labi samaisa.

Napa kāpostu Enoki sēņu un gurķu salāti

Sastāvdaļas:

1/2 vidēja Napa kāpostu, plānās šķēlēs

15 Enoki sēnes, plānās šķēlītēs

1/4 baltā sīpola, nomizoti, gareniski uz pusēm un plānās šķēlītēs

1 liels gurķis, gareniski uz pusēm un plānās šķēlītēs

Ģērbšanās

¼ glāzes neapstrādātas augstākā labuma olīveļļas

2 ēd.k. Ābolu etiķis

Rupja sāls un melnie pipari

Sagatavošana

Sajauc visas mērces sastāvdaļas.

Sajauc ar pārējām sastāvdaļām un labi samaisa.

Tomātu un gurķu salāti ar ananāsiem

Sastāvdaļas:

1 glāze konservētu ananāsu gabaliņu

5 vidēji plūmju tomāti, pārgriezti uz pusēm gareniski, izsēti un plānās šķēlītēs

1/4 baltā sīpola, nomizoti, gareniski uz pusēm un plānās šķēlītēs

1 liels gurķis, gareniski uz pusēm un plānās šķēlītēs

Ģērbšanās

¼ glāzes neapstrādātas augstākā labuma olīveļļas

2 pilieni baltvīna etiķa

Rupja sāls un melnie pipari

Sagatavošana

Sajauc visas mērces sastāvdaļas.

Sajauc ar pārējām sastāvdaļām un labi samaisa.

Ābolu plūmju tomātu un gurķu salāti

Sastāvdaļas:

1 glāze Fuji āboli, sagriezti kubiņos

5 vidēji plūmju tomāti, pārgriezti uz pusēm gareniski, izsēti un plānās šķēlītēs

1/4 baltā sīpola, nomizoti, gareniski uz pusēm un plānās šķēlītēs

1 liels gurķis, gareniski uz pusēm un plānās šķēlītēs

Ģērbšanās

¼ glāzes neapstrādātas augstākā labuma olīveļļas

2 pilieni baltvīna etiķa

Rupja sāls un melnie pipari

Sagatavošana

Sajauc visas mērces sastāvdaļas.

Sajauc ar pārējām sastāvdaļām un labi samaisa.

Ķiršu tomātu un sīpolu salāti

Sastāvdaļas:

1/4 tase ķiršu

3 mantojuma tomāti, kas pārgriezti uz pusēm gareniski, izsēti un plānās šķēlēs

1/4 baltā sīpola, nomizoti, gareniski uz pusēm un plānās šķēlītēs

1 liels cukini, gareniski pārgriezts uz pusēm, plānās šķēlītēs un blanšēts

Ģērbšanās

¼ glāzes neapstrādātas augstākā labuma olīveļļas

2 pilieni baltvīna etiķa

Rupja sāls un melnie pipari

Sagatavošana

Sajauc visas mērces sastāvdaļas.

Sajauc ar pārējām sastāvdaļām un labi samaisa.

Skābie un tomātu salāti

Sastāvdaļas:

1/2 tase marinēti gurķi

5 vidēji tomāti gareniski uz pusēm, izņem serdi un plānās šķēlītēs

1/4 baltā sīpola, nomizoti, gareniski uz pusēm un plānās šķēlītēs

1 liels gurķis, gareniski uz pusēm un plānās šķēlītēs

Ģērbšanās

¼ glāzes neapstrādātas augstākā labuma olīveļļas

2 pilieni baltvīna etiķa

Rupja sāls un melnie pipari

Sagatavošana

Sajauc visas mērces sastāvdaļas.

Sajauc ar pārējām sastāvdaļām un labi samaisa.

Tomātu un kukurūzas salāti

Sastāvdaļas:

10 tomāti gareniski pārgriezti uz pusēm, izņemti serdes un plānās šķēlēs

1/2 tase konservētas kukurūzas

1 liels gurķis, gareniski uz pusēm un plānās šķēlītēs

Ģērbšanās

¼ glāzes neapstrādātas augstākā labuma olīveļļas

2 ēd.k. Ābolu etiķis

Rupja sāls un melnie pipari

Sagatavošana

Sajauc visas mērces sastāvdaļas.

Sajauc ar pārējām sastāvdaļām un labi samaisa.

Sarkano kāpostu artišoku un gurķu salāti

Sastāvdaļas:

1/2 vidēja sarkanā kāposta, plānās šķēlēs

1 glāze konservētu artišoku

1/2 vidēja Napa kāpostu, plānās šķēlēs

1 liels gurķis, gareniski uz pusēm un plānās šķēlītēs

Ģērbšanās

¼ glāzes neapstrādātas augstākā labuma olīveļļas

2 pilieni baltvīna etiķa

Rupja sāls un melnie pipari

Sagatavošana

Sajauc visas mērces sastāvdaļas.

Sajauc ar pārējām sastāvdaļām un labi samaisa.

Kukurūzas, sarkano kāpostu un artišoku salāti

Sastāvdaļas:

1/2 tase konservētas kukurūzas

1/2 vidēja sarkanā kāposta, plānās šķēlēs

1 glāze konservētu artišoku

1 liels gurķis, gareniski uz pusēm un plānās šķēlītēs

Ģērbšanās

¼ glāzes neapstrādātas augstākā labuma olīveļļas

2 pilieni baltvīna etiķa

Rupja sāls un melnie pipari

Sagatavošana

Sajauc visas mērces sastāvdaļas.

Sajauc ar pārējām sastāvdaļām un labi samaisa.

Marinēti gurķi Vīnogu un kukurūzas salāti

Sastāvdaļas:

1/2 tase marinēti gurķi

10 gab. sarkanās vīnogas

1/2 tase konservētas kukurūzas

Ģērbšanās

¼ glāzes neapstrādātas augstākā labuma olīveļļas

2 pilieni baltvīna etiķa

Rupja sāls un melnie pipari

Sagatavošana

Sajauc visas mērces sastāvdaļas.

Sajauc ar pārējām sastāvdaļām un labi samaisa.

Persiku ķiršu un melno vīnogu salāti

Sastāvdaļas:

1 glāze kubiņos sagrieztu persiku

1/4 tase ķiršu

12 gab. melnās vīnogas

1/4 baltā sīpola, nomizoti, gareniski uz pusēm un plānās šķēlītēs

1 liels gurķis, gareniski uz pusēm un plānās šķēlītēs

Ģērbšanās

¼ glāzes neapstrādātas augstākā labuma olīveļļas

2 ēd.k. Ābolu etiķis

Rupja sāls un melnie pipari

Sagatavošana

Sajauc visas mērces sastāvdaļas.

Sajauc ar pārējām sastāvdaļām un labi samaisa.

Ananāsu mango un ābolu salāti

Sastāvdaļas:

1 glāze konservētu ananāsu gabaliņu

1 glāze kubiņos sagrieztu mango

1 glāze Fuji āboli, sagriezti kubiņos

1 liels cukini, gareniski pārgriezts uz pusēm, plānās šķēlītēs un blanšēts

Ģērbšanās

¼ glāzes neapstrādātas augstākā labuma olīveļļas

2 pilieni baltvīna etiķa

Rupja sāls un melnie pipari

Sagatavošana

Sajauc visas mērces sastāvdaļas.

Sajauc ar pārējām sastāvdaļām un labi samaisa.

Kāpostu spinātu un kreses salāti

Sastāvdaļas:

1 ķekars kāpostu, noskalo un notecina

1 ķekars spinātu, noskalo un notecina

1 ķekars ūdenskreses, noskalotas un notecinātas

Ģērbšanās

¼ glāzes neapstrādātas augstākā labuma olīveļļas

2 pilieni baltvīna etiķa

Rupja sāls un melnie pipari

Sagatavošana

Sajauc visas mērces sastāvdaļas.

Sajauc ar pārējām sastāvdaļām un labi samaisa.

Ūdenskreses ananāsu un mango salāti

Sastāvdaļas:

1 ķekars ūdenskreses, noskalotas un notecinātas

1 glāze konservētu ananāsu gabaliņu

1 glāze kubiņos sagrieztu mango

Ģērbšanās

¼ glāzes neapstrādātas augstākā labuma olīveļļas

2 ēd.k. Ābolu etiķis

Rupja sāls un melnie pipari

Sagatavošana

Sajauc visas mērces sastāvdaļas.

Sajauc ar pārējām sastāvdaļām un labi samaisa.

Tomātu Ābolu un persiku salāti

Sastāvdaļas:

5 vidēji tomāti gareniski uz pusēm, izņem serdi un plānās šķēlītēs

1 glāze Fuji āboli, sagriezti kubiņos

1 glāze kubiņos sagrieztu persiku

1/4 tase ķiršu

Ģērbšanās

¼ glāzes neapstrādātas augstākā labuma olīveļļas

2 pilieni baltvīna etiķa

Rupja sāls un melnie pipari

Sagatavošana

Sajauc visas mērces sastāvdaļas.

Sajauc ar pārējām sastāvdaļām un labi samaisa.

Enoki sēņu kukurūzas un sarkano kāpostu salāti

Sastāvdaļas:

15 Enoki sēnes, plānās šķēlītēs

1/2 tase konservētas kukurūzas

1/2 vidēja sarkanā kāposta, plānās šķēlēs

1 glāze konservētu artišoku

Ģērbšanās

¼ glāzes neapstrādātas augstākā labuma olīveļļas

2 pilieni baltvīna etiķa

Rupja sāls un melnie pipari

Sagatavošana

Sajauc visas mērces sastāvdaļas.

Sajauc ar pārējām sastāvdaļām un labi samaisa.

Tomātu un ābolu salāti

Sastāvdaļas:

10 tomāti gareniski pārgriezti uz pusēm, izņemti serdes un plānās šķēlēs

1 glāze Fuji āboli, sagriezti kubiņos

1 glāze kubiņos sagrieztu persiku

Ģērbšanās

¼ glāzes neapstrādātas augstākā labuma olīveļļas

2 ēd.k. Ābolu etiķis

Rupja sāls un melnie pipari

Sagatavošana

Sajauc visas mērces sastāvdaļas.

Sajauc ar pārējām sastāvdaļām un labi samaisa.

Tomātu sālījumi un vīnogu salāti

Sastāvdaļas:

3 mantojuma tomāti, kas pārgriezti uz pusēm gareniski, izsēti un plānās šķēlēs

1/2 tase marinēti gurķi

10 gab. sarkanās vīnogas

1/2 tase konservētas kukurūzas

Ģērbšanās

¼ glāzes neapstrādātas augstākā labuma olīveļļas

2 pilieni baltvīna etiķa

Rupja sāls un melnie pipari

Sagatavošana

Sajauc visas mērces sastāvdaļas.

Sajauc ar pārējām sastāvdaļām un labi samaisa.

Sarkano kāpostu artišoku un gurķu salāti

Sastāvdaļas:

1/2 vidēja sarkanā kāposta, plānās šķēlēs

1 glāze konservētu artišoku

1 liels gurķis, gareniski uz pusēm un plānās šķēlītēs

Ģērbšanās

¼ glāzes neapstrādātas augstākā labuma olīveļļas

2 pilieni baltvīna etiķa

Rupja sāls un melnie pipari

Sagatavošana

Sajauc visas mērces sastāvdaļas.

Sajauc ar pārējām sastāvdaļām un labi samaisa.

Ananāsu mango ābolu un gurķu salāti

Sastāvdaļas:

1 glāze konservētu ananāsu gabaliņu

1 glāze kubiņos sagrieztu mango

1 glāze kubiņos sagrieztu Fuji ābolu

1 liels gurķis, gareniski uz pusēm un plānās šķēlītēs

Ģērbšanās

¼ glāzes neapstrādātas augstākā labuma olīveļļas

2 pilieni baltvīna etiķa

Rupja sāls un melnie pipari

Sagatavošana

Sajauc visas mērces sastāvdaļas.

Sajauc ar pārējām sastāvdaļām un labi samaisa.

Artišoka Napa kāpostu un gurķu salāti

Sastāvdaļas:

1 glāze konservētu artišoku

1/2 vidēja Napa kāpostu, plānās šķēlēs

1 liels gurķis, gareniski uz pusēm un plānās šķēlītēs

Ģērbšanās

¼ glāzes neapstrādātas augstākā labuma olīveļļas

2 pilieni baltvīna etiķa

Rupja sāls un melnie pipari

Sagatavošana

Sajauc visas mērces sastāvdaļas.

Sajauc ar pārējām sastāvdaļām un labi samaisa.

Tomātu kāpostu un burkānu salāti

Sastāvdaļas:

3 mantojuma tomāti, kas pārgriezti uz pusēm gareniski, izsēti un plānās šķēlēs

1/2 vidēja Napa kāpostu, plānās šķēlēs

5 mazuļu burkāni

Ģērbšanās

¼ glāzes neapstrādātas augstākā labuma olīveļļas

2 pilieni baltvīna etiķa

Rupja sāls un melnie pipari

Sagatavošana

Sajauc visas mērces sastāvdaļas.

Sajauc ar pārējām sastāvdaļām un labi samaisa.

Napa kāpostu burkānu un gurķu salāti

Sastāvdaļas:

1/2 vidēja Napa kāpostu, plānās šķēlēs

5 mazuļu burkāni

1 liels gurķis, gareniski uz pusēm un plānās šķēlītēs

Ģērbšanās

¼ glāzes neapstrādātas augstākā labuma olīveļļas

2 ēd.k. Ābolu etiķis

Rupja sāls un melnie pipari

Sagatavošana

Sajauc visas mērces sastāvdaļas.

Sajauc ar pārējām sastāvdaļām un labi samaisa.

Fettuccini un zaļās olīvas

SASTĀVDAĻAS

1 sarkanais sīpols, vidēji sasmalcināts

1 zaļā paprika, sasmalcināta

15 unces fava pupiņu kārba, noskalota un nosusināta

15 oz kārba jūras pupiņu, noskalota un nosusināta

28 unces sasmalcinātu tomātu

1/4 tase zaļās olīvas

2 ēd.k. kaperi

½ tējkarotes sāls

1/8 tējkarotes melnie pipari

2 glāzes dārzeņu buljona

8 unces neapstrādāta fettuccini

1 ½ glāzes vegānu siera (uz tofu bāzes)

Dekorēšanas sastāvdaļas:

sasmalcināti zaļie sīpoli pasniegšanai

Ievietojiet visas sastāvdaļas, izņemot makaronus, vegānu sieru un garnējuma sastāvdaļas, lēnajā plīts.

Samaisa un pārklāj.

Vāra uz lielas uguns 4 stundas vai uz zemas uguns 7 stundas.

Pievienojiet makaronus un vāriet uz lielas uguns 18 minūtes vai līdz makaroni ir al dente

Pievienojiet 1 glāzi siera un samaisiet.

Pārkaisa ar atlikušo vegānu sieru un dekoratīvajām sastāvdaļām

Spageti ar sviesta pupiņām un melnajām pupiņām

SASTĀVDAĻAS

1 dzeltens sīpols, vidēji sasmalcināts

1 sarkanā paprika, sasmalcināta

15 unces sviesta pupiņu kārba, noskalota un nosusināta

15 unces melno pupiņu kārba, izskalota un nosusināta

28 unces sasmalcinātu tomātu

4 ēd.k. vegāniskais krēmsiers

1 tējk. Provansas garšaugi

½ tējkarotes sāls

1/8 tējkarotes melnie pipari

2 glāzes dārzeņu buljona

8 oz spageti neapstrādāti

1 ½ glāzes vegānu siera (uz tofu bāzes)

Dekorēšanas sastāvdaļas:

sasmalcināti zaļie sīpoli pasniegšanai

Ievietojiet visas sastāvdaļas, izņemot makaronus, vegānu sieru un garnējuma sastāvdaļas, lēnajā plīts.

Samaisa un pārklāj.

Vāra uz lielas uguns 4 stundas vai uz zemas uguns 7 stundas.

Pievienojiet makaronus un vāriet uz lielas uguns 18 minūtes vai līdz makaroni ir al dente

Pievienojiet 1 glāzi siera un samaisiet.

Pārkaisa ar atlikušo vegānu sieru un dekoratīvajām sastāvdaļām

Spageti ar chorizo un pupiņām

SASTĀVDAĻAS

1 sarkanais sīpols, vidēji sasmalcināts

1 zaļā paprika, sasmalcināta

15 unces konservētu pupiņu

Lielās ziemeļu pupiņas var būt 15 unces

28 unces sasmalcinātu tomātu

1/4 tase vegānu chorizo, rupji sagriezta

1 tējk. kaltēts timiāns

½ tējkarotes sāls

1/8 tējkarotes melnie pipari

2 glāzes dārzeņu buljona

8 unces neapstrādātas spageti nūdeles

1 ½ glāzes vegānu siera (uz tofu bāzes)

Dekorēšanas sastāvdaļas:

sasmalcināti zaļie sīpoli pasniegšanai

Ievietojiet visas sastāvdaļas, izņemot makaronus, vegānu sieru un garnējuma sastāvdaļas, lēnajā plīts.

Samaisa un pārklāj.

Vāra uz lielas uguns 4 stundas vai uz zemas uguns 7 stundas.

Pievienojiet makaronus un vāriet uz lielas uguns 18 minūtes vai līdz makaroni ir al dente

Pievienojiet 1 glāzi siera un samaisiet.

Pārkaisa ar atlikušo vegānu sieru un dekoratīvajām sastāvdaļām

Pappardelle makaroni ar tomātiem un vegānu sieru

SASTĀVDAĻAS

1 sarkanais sīpols, vidēji sasmalcināts

1 zaļā paprika, sasmalcināta

15 unces sviesta pupiņu kārba, noskalota un nosusināta

15 unces melno pupiņu kārba, izskalota un nosusināta

28 unces sasmalcinātu tomātu

2 ēd.k. Tomātu mērce

1 tējk. baziliks

1 tējk. Itāļu garšviela

½ tējkarotes sāls

1/8 tējkarotes melnie pipari

2 glāzes dārzeņu buljona

8 unces pappardelle makaronu neapstrādāti

1 ½ glāzes vegānu siera (uz tofu bāzes)

Dekorēšanas sastāvdaļas:

sasmalcināti zaļie sīpoli pasniegšanai

Ievietojiet visas sastāvdaļas, izņemot makaronus, vegānu sieru un garnējuma sastāvdaļas, lēnajā plīts.

Samaisa un pārklāj.

Vāra uz lielas uguns 4 stundas vai uz zemas uguns 7 stundas.

Pievienojiet makaronus un vāriet uz lielas uguns 18 minūtes vai līdz makaroni ir al dente

Pievienojiet 1 glāzi siera un samaisiet.

Pārkaisa ar atlikušo vegānu sieru un dekoratīvajām sastāvdaļām

Makaroni un Garbanzo pupiņas

SASTĀVDAĻAS

15 unces pinto pupiņu kārba, izskalota un nosusināta

15 unces garbanzo pupiņu kārbas, noskalotas un nosusinātas

28 unces sasmalcinātu tomātu

4 ēd.k. pesto

1 tējk. Itāļu garšviela

½ tējkarotes sāls

1/8 tējkarotes melnie pipari

2 glāzes dārzeņu buljona

8 unces neapstrādāti pilngraudu makaroni

1 ½ glāzes vegānu siera (uz tofu bāzes)

Dekorēšanas sastāvdaļas:

sasmalcināti zaļie sīpoli pasniegšanai

Ievietojiet visas sastāvdaļas, izņemot makaronus, vegānu sieru un garnējuma sastāvdaļas, lēnajā plīts.

Samaisa un pārklāj.

Vāra uz lielas uguns 4 stundas vai uz zemas uguns 7 stundas.

Pievienojiet makaronus un vāriet uz lielas uguns 18 minūtes vai līdz makaroni ir al dente

Pievienojiet 1 glāzi siera un samaisiet.

Pārkaisa ar atlikušo vegānu sieru un dekoratīvajām sastāvdaļām

Farfalle makaroni pikantā chimichurri mērcē

SASTĀVDAĻAS

5 halapeno pipari

1 dzeltens sīpols, smalki sagriezts

15 unces sviesta pupiņu kārba, noskalota un nosusināta

15 unces melno pupiņu kārba, izskalota un nosusināta

4 ēd.k. chimichurri mērce

1/2 tējk. Kajenna

½ tējkarotes sāls

1/8 tējkarotes melnie pipari

2 glāzes dārzeņu buljona

8 unces farfalle makaroni termiski neapstrādāti

1 ½ glāzes vegānu siera (uz tofu bāzes)

Dekorēšanas sastāvdaļas:

sasmalcināti zaļie sīpoli pasniegšanai

Ievietojiet visas sastāvdaļas, izņemot makaronus, vegānu sieru un garnējuma sastāvdaļas, lēnajā plīts.

Samaisa un pārklāj.

Vāra uz lielas uguns 4 stundas vai uz zemas uguns 7 stundas.

Pievienojiet makaronus un vāriet uz lielas uguns 18 minūtes vai līdz makaroni ir al dente

Pievienojiet 1 glāzi siera un samaisiet.

Pārkaisa ar atlikušo vegānu sieru un dekoratīvajām sastāvdaļām

Elkoņa makaroni ar ziemeļu pupiņām

SASTĀVDAĻAS

1 sarkanais sīpols, vidēji sasmalcināts

1 zaļā paprika, sasmalcināta

15 unces konservētu pupiņu

Lielās ziemeļu pupiņas var būt 15 unces

28 unces sasmalcinātu tomātu

3 unces vegāniskās mocarellas

1 tējk. Itāļu garšviela

½ tējkarotes sāls

1/8 tējkarotes melnie pipari

2 glāzes dārzeņu buljona

8 unces neapstrādāti pilngraudu makaroni

1 ½ glāzes vegānu siera (uz tofu bāzes)

Dekorēšanas sastāvdaļas:

sasmalcināti zaļie sīpoli pasniegšanai

Ievietojiet visas sastāvdaļas, izņemot makaronus, vegānu sieru un garnējuma sastāvdaļas, lēnajā plīts.

Samaisa un pārklāj.

Vāra uz lielas uguns 4 stundas vai uz zemas uguns 7 stundas.

Pievienojiet makaronus un vāriet uz lielas uguns 18 minūtes vai līdz makaroni ir al dente

Pievienojiet 1 glāzi siera un samaisiet.

Pārkaisa ar atlikušo vegānu sieru un dekoratīvajām sastāvdaļām

Spageti ar zaļajām olīvām un papriku

SASTĀVDAĻAS

1 sarkanais sīpols, vidēji sasmalcināts

1 zaļā paprika, sasmalcināta

15 unces fava pupiņu kārba, noskalota un nosusināta

15 oz kārba jūras pupiņu, noskalota un nosusināta

28 unces sasmalcinātu tomātu

1/4 tase zaļās olīvas

2 ēd.k. kaperi

½ tējkarotes sāls

1/8 tējkarotes melnie pipari

2 glāzes dārzeņu buljona

8 unces neapstrādātas spageti nūdeles

1 ½ glāzes vegānu siera (uz tofu bāzes)

Dekorēšanas sastāvdaļas:

sasmalcināti zaļie sīpoli pasniegšanai

Ievietojiet visas sastāvdaļas, izņemot makaronus, vegānu sieru un garnējuma sastāvdaļas, lēnajā plīts.

Samaisa un pārklāj.

Vāra uz lielas uguns 4 stundas vai uz zemas uguns 7 stundas.

Pievienojiet makaronus un vāriet uz lielas uguns 18 minūtes vai līdz makaroni ir al dente

Pievienojiet 1 glāzi siera un samaisiet.

Pārkaisa ar atlikušo vegānu sieru un dekoratīvajām sastāvdaļām

Pilngraudu makaroni ar vegānisku krēmsieru

SASTĀVDAĻAS

1 sarkanais sīpols, vidēji sasmalcināts

1 zaļā paprika, sasmalcināta

15 unces sviesta pupiņu kārba, noskalota un nosusināta

15 unces melno pupiņu kārba, izskalota un nosusināta

28 unces sasmalcinātu tomātu

4 ēd.k. vegāniskais krēmsiers

1 tējk. Provansas garšaugi

½ tējkarotes sāls

1/8 tējkarotes melnie pipari

2 glāzes dārzeņu buljona

8 unces neapstrādāti pilngraudu makaroni

1 ½ glāzes vegānu siera (uz tofu bāzes)

Dekorēšanas sastāvdaļas:

sasmalcināti zaļie sīpoli pasniegšanai

Ievietojiet visas sastāvdaļas, izņemot makaronus, vegānu sieru un garnējuma sastāvdaļas, lēnajā plīts.

Samaisa un pārklāj.

Vāra uz lielas uguns 4 stundas vai uz zemas uguns 7 stundas.

Pievienojiet makaronus un vāriet uz lielas uguns 18 minūtes vai līdz makaroni ir al dente

Pievienojiet 1 glāzi siera un samaisiet.

Pārkaisa ar atlikušo vegānu sieru un dekoratīvajām sastāvdaļām

Penne makaroni ar chorizo

SASTĀVDAĻAS

1 dzeltens sīpols, vidēji sasmalcināts

1 sarkanā paprika, sasmalcināta

15 unces konservētu pupiņu

Lielās ziemeļu pupiņas var būt 15 unces

28 unces sasmalcinātu tomātu

1/4 tase vegānu chorizo, rupji sagriezta

1 tējk. kaltēts timiāns

½ tējkarotes sāls

1/8 tējkarotes melnie pipari

2 glāzes dārzeņu buljona

8 unces penne makaronu termiski neapstrādāti

1 ½ glāzes vegānu siera (uz tofu bāzes)

Dekorēšanas sastāvdaļas:

sasmalcināti zaļie sīpoli pasniegšanai

Ievietojiet visas sastāvdaļas, izņemot makaronus, vegānu sieru un garnējuma sastāvdaļas, lēnajā plīts.

Samaisa un pārklāj.

Vāra uz lielas uguns 4 stundas vai uz zemas uguns 7 stundas.

Pievienojiet makaronus un vāriet uz lielas uguns 18 minūtes vai līdz makaroni ir al dente

Pievienojiet 1 glāzi siera un samaisiet.

Pārkaisa ar atlikušo vegānu sieru un dekoratīvajām sastāvdaļām

Papardelle makaroni ar fava pupiņām

SASTĀVDAĻAS

1 sarkanais sīpols, vidēji sasmalcināts

1 zaļā paprika, sasmalcināta

15 unces fava pupiņu kārba, noskalota un nosusināta

15 oz kārba jūras pupiņu, noskalota un nosusināta

28 unces sasmalcinātu tomātu

4 ēd.k. pesto

1 tējk. Itāļu garšviela

½ tējkarotes sāls

1/8 tējkarotes melnie pipari

2 glāzes dārzeņu buljona

8 unces pappardelle makaronu neapstrādāti

1 ½ glāzes vegānu siera (uz tofu bāzes)

Dekorēšanas sastāvdaļas:

sasmalcināti zaļie sīpoli pasniegšanai

Ievietojiet visas sastāvdaļas, izņemot makaronus, vegānu sieru un garnējuma sastāvdaļas, lēnajā plīts.

Samaisa un pārklāj.

Vāra uz lielas uguns 4 stundas vai uz zemas uguns 7 stundas.

Pievienojiet makaronus un vāriet uz lielas uguns 18 minūtes vai līdz makaroni ir al dente

Pievienojiet 1 glāzi siera un samaisiet.

Pārkaisa ar atlikušo vegānu sieru un dekoratīvajām sastāvdaļām

Lēni vārīti fetučīni ar sviesta pupiņām

SASTĀVDAĻAS

1 sarkanais sīpols, vidēji sasmalcināts

1 zaļā paprika, sasmalcināta

15 unces sviesta pupiņu kārba, noskalota un nosusināta

15 unces melno pupiņu kārba, izskalota un nosusināta

28 unces sasmalcinātu tomātu

2 ēd.k. Tomātu mērce

1 tējk. baziliks

1 tējk. Itāļu garšviela

½ tējkarotes sāls

1/8 tējkarotes melnie pipari

2 glāzes dārzeņu buljona

8 unces neapstrādāta fettuccini

1 ½ glāzes vegānu siera (uz tofu bāzes)

Dekorēšanas sastāvdaļas:

sasmalcināti zaļie sīpoli pasniegšanai

Ievietojiet visas sastāvdaļas, izņemot makaronus, vegānu sieru un garnējuma sastāvdaļas, lēnajā plīts.

Samaisa un pārklāj.

Vāra uz lielas uguns 4 stundas vai uz zemas uguns 7 stundas.

Pievienojiet makaronus un vāriet uz lielas uguns 18 minūtes vai līdz makaroni ir al dente

Pievienojiet 1 glāzi siera un samaisiet.

Pārkaisa ar atlikušo vegānu sieru un dekoratīvajām sastāvdaļām

Lēni vārīti makaronu čaumalas ar Chimichurri mērci

SASTĀVDAĻAS

5 halapeno pipari

15 unces pupiņu kārba, noskalota un nosusināta

15 unces pupiņu, noskalotas un nosusinātas

4 ēd.k. chimichurri mērce

1/2 tējk. Kajenna

½ tējkarotes sāls

1/8 tējkarotes melnie pipari

2 glāzes dārzeņu buljona

8 unces neapstrādātu makaronu čaumalu

1 ½ glāzes vegānu siera (uz tofu bāzes)

Dekorēšanas sastāvdaļas:

sasmalcināti zaļie sīpoli pasniegšanai

Ievietojiet visas sastāvdaļas, izņemot makaronus, vegānu sieru un garnējuma sastāvdaļas, lēnajā plīts.

Samaisa un pārklāj.

Vāra uz lielas uguns 4 stundas vai uz zemas uguns 7 stundas.

Pievienojiet makaronus un vāriet uz lielas uguns 18 minūtes vai līdz makaroni ir al dente

Pievienojiet 1 glāzi siera un samaisiet.

Pārkaisa ar atlikušo vegānu sieru un dekoratīvajām sastāvdaļām

Lēni vārīti Farfalle makaroni ar Garbanzo pupiņām

SASTĀVDAĻAS

1 dzeltens sīpols, vidēji sasmalcināts

1 sarkanā paprika, sasmalcināta

15 unces pinto pupiņu kārba, izskalota un nosusināta

15 unces garbanzo pupiņu kārbas, noskalotas un nosusinātas

28 unces sasmalcinātu tomātu

1/4 tase zaļās olīvas

2 ēd.k. kaperi

½ tējkarotes sāls

1/8 tējkarotes melnie pipari

2 glāzes dārzeņu buljona

8 unces farfalle makaroni termiski neapstrādāti

1 ½ glāzes vegānu siera (uz tofu bāzes)

Dekorēšanas sastāvdaļas:

sasmalcināti zaļie sīpoli pasniegšanai

Ievietojiet visas sastāvdaļas, izņemot makaronus, vegānu sieru un garnējuma sastāvdaļas, lēnajā plīts.

Samaisa un pārklāj.

Vāra uz lielas uguns 4 stundas vai uz zemas uguns 7 stundas.

Pievienojiet makaronus un vāriet uz lielas uguns 18 minūtes vai līdz makaroni ir al dente

Pievienojiet 1 glāzi siera un samaisiet.

Pārkaisa ar atlikušo vegānu sieru un dekoratīvajām sastāvdaļām

Lēni vārīti spageti ar pupiņām un papriku

SASTĀVDAĻAS

1 sarkanais sīpols, vidēji sasmalcināts

1 zaļā paprika, sasmalcināta

15 unces sviesta pupiņu kārba, noskalota un nosusināta

15 unces melno pupiņu kārba, izskalota un nosusināta

28 unces sasmalcinātu tomātu

3 unces vegāniskās mocarellas

1 tējk. Itāļu garšviela

½ tējkarotes sāls

1/8 tējkarotes melnie pipari

2 glāzes dārzeņu buljona

8 unces neapstrādātas spageti nūdeles

1 ½ glāzes vegānu siera (uz tofu bāzes)

Dekorēšanas sastāvdaļas:

sasmalcināti zaļie sīpoli pasniegšanai

Ievietojiet visas sastāvdaļas, izņemot makaronus, vegānu sieru un garnējuma sastāvdaļas, lēnajā plīts.

Samaisa un pārklāj.

Vāra uz lielas uguns 4 stundas vai uz zemas uguns 7 stundas.

Pievienojiet makaronus un vāriet uz lielas uguns 18 minūtes vai līdz makaroni ir al dente

Pievienojiet 1 glāzi siera un samaisiet.

Pārkaisa ar atlikušo vegānu sieru un dekoratīvajām sastāvdaļām

Lēni gatavoti pikanti makaroni un vegānu siers

SASTĀVDAĻAS

1 ančo čili

1 sarkanais sīpols

15 unces pupiņu kārba, noskalota un nosusināta

15 unces pupiņu, noskalotas un nosusinātas

28 unces sasmalcinātu tomātu

1 ½ ēdamkarotes čili pulvera

2 tējkarotes ķimenes

½ tējkarotes sāls

1/8 tējkarotes melnie pipari

2 glāzes dārzeņu buljona

8 unces neapstrādāti pilngraudu makaroni

1 ½ glāzes vegānu siera (uz tofu bāzes)

Dekorēšanas sastāvdaļas:

sasmalcināti zaļie sīpoli pasniegšanai

Ievietojiet visas sastāvdaļas, izņemot makaronus, vegānu sieru un garnējuma sastāvdaļas, lēnajā plīts.

Samaisa un pārklāj.

Vāra uz lielas uguns 4 stundas vai uz zemas uguns 7 stundas.

Pievienojiet makaronus un vāriet uz lielas uguns 18 minūtes vai līdz makaroni ir al dente

Pievienojiet 1 glāzi siera un samaisiet.

Pārkaisa ar atlikušo vegānu sieru un dekoratīvajām sastāvdaļām

Penne makaroni ar pesto

SASTĀVDAĻAS

1 sarkanais sīpols, vidēji sasmalcināts

1 zaļā paprika, sasmalcināta

15 unces fava pupiņu kārba, noskalota un nosusināta

15 oz kārba jūras pupiņu, noskalota un nosusināta

28 unces sasmalcinātu tomātu

4 ēd.k. pesto

1 tējk. Itāļu garšviela

½ tējkarotes sāls

1/8 tējkarotes melnie pipari

2 glāzes dārzeņu buljona

8 unces penne makaronu termiski neapstrādāti

1 ½ glāzes vegānu siera (uz tofu bāzes)

Dekorēšanas sastāvdaļas:

sasmalcināti zaļie sīpoli pasniegšanai

Ievietojiet visas sastāvdaļas, izņemot makaronus, vegānu sieru un garnējuma sastāvdaļas, lēnajā plīts.

Samaisa un pārklāj.

Vāra uz lielas uguns 4 stundas vai uz zemas uguns 7 stundas.

Pievienojiet makaronus un vāriet uz lielas uguns 18 minūtes vai līdz makaroni ir al dente

Pievienojiet 1 glāzi siera un samaisiet.

Pārkaisa ar atlikušo vegānu sieru un dekoratīvajām sastāvdaļām

Pappardelle makaroni ar melnajām pupiņām un sviesta pupiņām

SASTĀVDAĻAS

1 sarkanais sīpols, vidēji sasmalcināts

1 zaļā paprika, sasmalcināta

15 unces sviesta pupiņu kārba, noskalota un nosusināta

15 unces melno pupiņu kārba, izskalota un nosusināta

28 unces sasmalcinātu tomātu

4 ēd.k. vegāniskais krēmsiers

1 tējk. Provansas garšaugi

½ tējkarotes sāls

1/8 tējkarotes melnie pipari

2 glāzes dārzeņu buljona

8 unces pappardelle makaronu neapstrādāti

1 ½ glāzes vegānu siera (uz tofu bāzes)

Dekorēšanas sastāvdaļas:

sasmalcināti zaļie sīpoli pasniegšanai

Ievietojiet visas sastāvdaļas, izņemot makaronus, vegānu sieru un garnējuma sastāvdaļas, lēnajā plīts.

Samaisa un pārklāj.

Vāra uz lielas uguns 4 stundas vai uz zemas uguns 7 stundas.

Pievienojiet makaronus un vāriet uz lielas uguns 18 minūtes vai līdz makaroni ir al dente

Pievienojiet 1 glāzi siera un samaisiet.

Pārkaisa ar atlikušo vegānu sieru un dekoratīvajām sastāvdaļām

Makaroni un vegāns Chorizo

SASTĀVDAĻAS

1 dzeltens sīpols, vidēji sasmalcināts

1 sarkanā paprika, sasmalcināta

15 unces pinto pupiņu kārba, izskalota un nosusināta

15 unces garbanzo pupiņu kārbas, noskalotas un nosusinātas

28 unces sasmalcinātu tomātu

1/4 tase vegānu chorizo, rupji sagriezta

1 tējk. kaltēts timiāns

½ tējkarotes sāls

1/8 tējkarotes melnie pipari

2 glāzes dārzeņu buljona

8 unces neapstrādāti pilngraudu makaroni

1 ½ glāzes vegānu siera (uz tofu bāzes)

Dekorēšanas sastāvdaļas:

sasmalcināti zaļie sīpoli pasniegšanai

Ievietojiet visas sastāvdaļas, izņemot makaronus, vegānu sieru un garnējuma sastāvdaļas, lēnajā plīts.

Samaisa un pārklāj.

Vāra uz lielas uguns 4 stundas vai uz zemas uguns 7 stundas.

Pievienojiet makaronus un vāriet uz lielas uguns 18 minūtes vai līdz makaroni ir al dente

Pievienojiet 1 glāzi siera un samaisiet.

Pārkaisa ar atlikušo vegānu sieru un dekoratīvajām sastāvdaļām

Makaronu čaumalas ar pikanto chimichurri mērci

SASTĀVDAĻAS

1 sarkanais sīpols, vidēji sasmalcināts

5 halapeno pipari

1 sarkanais sīpols

15 unces pupiņu kārba, noskalota un nosusināta

15 unces pupiņu, noskalotas un nosusinātas

4 ēd.k. chimichurri mērce

1/2 tējk. Kajenna

½ tējkarotes sāls

1/8 tējkarotes melnie pipari

2 glāzes dārzeņu buljona

8 unces neapstrādātu makaronu čaumalu

1 ½ glāzes vegānu siera (uz tofu bāzes)

Dekorēšanas sastāvdaļas:

sasmalcināti zaļie sīpoli pasniegšanai

Ievietojiet visas sastāvdaļas, izņemot makaronus, vegānu sieru un garnējuma sastāvdaļas, lēnajā plīts.

Samaisa un pārklāj.

Vāra uz lielas uguns 4 stundas vai uz zemas uguns 7 stundas.

Pievienojiet makaronus un vāriet uz lielas uguns 18 minūtes vai līdz makaroni ir al dente

Pievienojiet 1 glāzi siera un samaisiet.

Pārkaisa ar atlikušo vegānu sieru un dekoratīvajām sastāvdaļām

Lēni vārīta farfalle ar olīvām

SASTĀVDAĻAS

1 sarkanais sīpols, vidēji sasmalcināts

1 zaļā paprika, sasmalcināta

15 unces fava pupiņu kārba, noskalota un nosusināta

15 oz kārba jūras pupiņu, noskalota un nosusināta

28 unces sasmalcinātu tomātu

1/4 tase zaļās olīvas

2 ēd.k. kaperi

½ tējkarotes sāls

1/8 tējkarotes melnie pipari

2 glāzes dārzeņu buljona

8 unces farfalle makaroni termiski neapstrādāti

1 ½ glāzes vegānu siera (uz tofu bāzes)

Dekorēšanas sastāvdaļas:

sasmalcināti zaļie sīpoli pasniegšanai

Ievietojiet visas sastāvdaļas, izņemot makaronus, vegānu sieru un garnējuma sastāvdaļas, lēnajā plīts.

Samaisa un pārklāj.

Vāra uz lielas uguns 4 stundas vai uz zemas uguns 7 stundas.

Pievienojiet makaronus un vāriet uz lielas uguns 18 minūtes vai līdz makaroni ir al dente

Pievienojiet 1 glāzi siera un samaisiet.

Pārkaisa ar atlikušo vegānu sieru un dekoratīvajām sastāvdaļām

Lēni vārīti Penne makaroni

SASTĀVDAĻAS

1 sarkanais sīpols, vidēji sasmalcināts

1 zaļā paprika, sasmalcināta

15 unces sviesta pupiņu kārba, noskalota un nosusināta

15 unces melno pupiņu kārba, izskalota un nosusināta

28 unces sasmalcinātu tomātu

3 unces vegāniskās mocarellas

1 tējk. Itāļu garšviela

½ tējkarotes sāls

1/8 tējkarotes melnie pipari

2 glāzes dārzeņu buljona

8 unces penne makaronu termiski neapstrādāti

1 ½ glāzes vegānu siera (uz tofu bāzes)

Dekorēšanas sastāvdaļas:

sasmalcināti zaļie sīpoli pasniegšanai

Ievietojiet visas sastāvdaļas, izņemot makaronus, vegānu sieru un garnējuma sastāvdaļas, lēnajā plīts.

Samaisa un pārklāj.

Vāra uz lielas uguns 4 stundas vai uz zemas uguns 7 stundas.

Pievienojiet makaronus un vāriet uz lielas uguns 18 minūtes vai līdz makaroni ir al dente

Pievienojiet 1 glāzi siera un samaisiet.

Pārkaisa ar atlikušo vegānu sieru un dekoratīvajām sastāvdaļām

Lēni vārīti fetučīni ar pinto pupiņām

SASTĀVDAĻAS

1 sarkanais sīpols, vidēji sasmalcināts

1 zaļā paprika, sasmalcināta

15 unces pinto pupiņu kārba, izskalota un nosusināta

15 unces garbanzo pupiņu kārbas, noskalotas un nosusinātas

28 unces sasmalcinātu tomātu

4 ēd.k. vegāniskais krēmsiers

1 tējk. Provansas garšaugi

½ tējkarotes sāls

1/8 tējkarotes melnie pipari

2 glāzes dārzeņu buljona

8 unces neapstrādāta fettuccini

1 ½ glāzes vegānu siera (uz tofu bāzes)

Dekorēšanas sastāvdaļas:

sasmalcināti zaļie sīpoli pasniegšanai

Ievietojiet visas sastāvdaļas, izņemot makaronus, vegānu sieru un garnējuma sastāvdaļas, lēnajā plīts.

Samaisa un pārklāj.

Vāra uz lielas uguns 4 stundas vai uz zemas uguns 7 stundas.

Pievienojiet makaronus un vāriet uz lielas uguns 18 minūtes vai līdz makaroni ir al dente

Pievienojiet 1 glāzi siera un samaisiet.

Pārkaisa ar atlikušo vegānu sieru un dekoratīvajām sastāvdaļām

Lēni vārīti itāļu spageti ar pupiņām

SASTĀVDAĻAS

1 sarkanais sīpols, vidēji sasmalcināts

1 zaļā paprika, sasmalcināta

15 unces pupiņu kārba, noskalota un nosusināta

15 unces pupiņu, noskalotas un nosusinātas

28 unces sasmalcinātu tomātu

4 ēd.k. pesto

1 tējk. Itāļu garšviela

½ tējkarotes sāls

1/8 tējkarotes melnie pipari

2 glāzes dārzeņu buljona

8 unces neapstrādātas spageti nūdeles

1 ½ glāzes vegānu siera (uz tofu bāzes)

Dekorēšanas sastāvdaļas:

sasmalcināti zaļie sīpoli pasniegšanai

Ievietojiet visas sastāvdaļas, izņemot makaronus, vegānu sieru un garnējuma sastāvdaļas, lēnajā plīts.

Samaisa un pārklāj.

Vāra uz lielas uguns 4 stundas vai uz zemas uguns 7 stundas.

Pievienojiet makaronus un vāriet uz lielas uguns 18 minūtes vai līdz makaroni ir al dente

Pievienojiet 1 glāzi siera un samaisiet.

Pārkaisa ar atlikušo vegānu sieru un dekoratīvajām sastāvdaļām

Lēni vārīti pappardelle makaroni

SASTĀVDAĻAS

1 dzeltens sīpols, vidēji sasmalcināts

1 sarkanā paprika, sasmalcināta

15 unces fava pupiņu kārba, noskalota un nosusināta

15 oz kārba jūras pupiņu, noskalota un nosusināta

28 unces sasmalcinātu tomātu

2 ēd.k. Tomātu mērce

1 tējk. baziliks

1 tējk. Itāļu garšviela

½ tējkarotes sāls

1/8 tējkarotes melnie pipari

2 glāzes dārzeņu buljona

8 unces pappardelle makaronu neapstrādāti

1 ½ glāzes vegānu siera (uz tofu bāzes)

Dekorēšanas sastāvdaļas:

sasmalcināti zaļie sīpoli pasniegšanai

Ievietojiet visas sastāvdaļas, izņemot makaronus, vegānu sieru un garnējuma sastāvdaļas, lēnajā plīts.

Samaisa un pārklāj.

Vāra uz lielas uguns 4 stundas vai uz zemas uguns 7 stundas.

Pievienojiet makaronus un vāriet uz lielas uguns 18 minūtes vai līdz makaroni ir al dente

Pievienojiet 1 glāzi siera un samaisiet.

Pārkaisa ar atlikušo vegānu sieru un dekoratīvajām sastāvdaļām

Lēni vārīti elkoņa makaroni un zaļie saldie pipari ar vegānu chorizo un zaļajām olīvām

SASTĀVDAĻAS

1 sarkanais sīpols, vidēji sasmalcināts

1 zaļā paprika, sasmalcināta

½ glāzes zaļās olīvas, nosusinātas

15 unces melno pupiņu kārba, izskalota un nosusināta

28 unces sasmalcinātu tomātu

1/4 tase vegānu chorizo, rupji sagriezta

1 tējk. kaltēts timiāns

½ tējkarotes sāls

1/8 tējkarotes melnie pipari

2 glāzes dārzeņu buljona

8 unces neapstrādāti pilngraudu makaroni

1 ½ glāzes vegānu siera (uz tofu bāzes)

Dekorēšanas sastāvdaļas:

sasmalcināti zaļie sīpoli pasniegšanai

Ievietojiet visas sastāvdaļas, izņemot makaronus, vegānu sieru un garnējuma sastāvdaļas, lēnajā plīts.

Samaisa un pārklāj.

Vāra uz lielas uguns 4 stundas vai uz zemas uguns 7 stundas.

Pievienojiet makaronus un vāriet uz lielas uguns 18 minūtes vai līdz makaroni ir al dente

Pievienojiet 1 glāzi siera un samaisiet.

Pārkaisa ar atlikušo vegānu sieru un dekoratīvajām sastāvdaļām

Lēni vārīti makaronu čaumalas ar kaperiem

SASTĀVDAĻAS

1 sarkanais sīpols, vidēji sasmalcināts

1 zaļā paprika, sasmalcināta

15 unces pinto pupiņu kārba, izskalota un nosusināta

¼ glāzes kaperu, nosusināti

4 ēd.k. chimichurri mērce

1/2 tējk. Kajenna

½ tējkarotes sāls

1/8 tējkarotes melnie pipari

2 glāzes dārzeņu buljona

8 unces neapstrādātu makaronu čaumalu

1 ½ glāzes vegānu siera (uz tofu bāzes)

Dekorēšanas sastāvdaļas:

sasmalcināti zaļie sīpoli pasniegšanai

Ievietojiet visas sastāvdaļas, izņemot makaronus, vegānu sieru un garnējuma sastāvdaļas, lēnajā plīts.

Samaisa un pārklāj.

Vāra uz lielas uguns 4 stundas vai uz zemas uguns 7 stundas.

Pievienojiet makaronus un vāriet uz lielas uguns 18 minūtes vai līdz makaroni ir al dente

Pievienojiet 1 glāzi siera un samaisiet.

Pārkaisa ar atlikušo vegānu sieru un dekoratīvajām sastāvdaļām

Lēni vārīti Penne makaroni ar olīvām un kaperiem

SASTĀVDAĻAS

1 sarkanais sīpols, vidēji sasmalcināts

1 zaļā paprika, sasmalcināta

¼ glāzes olīvu, nosusinātas

¼ glāzes kaperu, nosusināti

28 unces sasmalcinātu tomātu

4 ēd.k. vegāniskais krēmsiers

1 tējk. Provansas garšaugi

½ tējkarotes sāls

1/8 tējkarotes melnie pipari

2 glāzes dārzeņu buljona

8 unces penne makaronu termiski neapstrādāti

1 ½ glāzes vegānu siera (uz tofu bāzes)

Dekorēšanas sastāvdaļas:

sasmalcināti zaļie sīpoli pasniegšanai

Ievietojiet visas sastāvdaļas, izņemot makaronus, vegānu sieru un garnējuma sastāvdaļas, lēnajā plīts.

Samaisa un pārklāj.

Vāra uz lielas uguns 4 stundas vai uz zemas uguns 7 stundas.

Pievienojiet makaronus un vāriet uz lielas uguns 18 minūtes vai līdz makaroni ir al dente

Pievienojiet 1 glāzi siera un samaisiet.

Pārkaisa ar atlikušo vegānu sieru un dekoratīvajām sastāvdaļām

Elkoņa makaroni ar olīvām un kaperiem

SASTĀVDAĻAS

1 sarkanais sīpols, vidēji sasmalcināts

1 zaļā paprika, sasmalcināta

15 unces pupiņu kārba, noskalota un nosusināta

15 unces pupiņu, noskalotas un nosusinātas

28 unces sasmalcinātu tomātu

1/4 tase zaļās olīvas

2 ēd.k. kaperi

½ tējkarotes sāls

1/8 tējkarotes melnie pipari

2 glāzes dārzeņu buljona

8 unces neapstrādāti pilngraudu makaroni

1 ½ glāzes vegānu siera (uz tofu bāzes)

Dekorēšanas sastāvdaļas:

sasmalcināti zaļie sīpoli pasniegšanai

Ievietojiet visas sastāvdaļas, izņemot makaronus, vegānu sieru un garnējuma sastāvdaļas, lēnajā plīts.

Samaisa un pārklāj.

Vāra uz lielas uguns 4 stundas vai uz zemas uguns 7 stundas.

Pievienojiet makaronus un vāriet uz lielas uguns 18 minūtes vai līdz makaroni ir al dente

Pievienojiet 1 glāzi siera un samaisiet.

Pārkaisa ar atlikušo vegānu sieru un dekoratīvajām sastāvdaļām

Lēni vārīti Farfalle makaroni ar kaperiem

SASTĀVDAĻAS

1 dzeltens sīpols, vidēji sasmalcināts

¼ glāzes kaperu, nosusināti

28 unces sasmalcinātu tomātu

3 unces vegāniskās mocarellas

1 tējk. Itāļu garšviela

½ tējkarotes sāls

1/8 tējkarotes melnie pipari

2 glāzes dārzeņu buljona

8 unces farfalle makaroni termiski neapstrādāti

1 ½ glāzes vegānu siera (uz tofu bāzes)

Dekorēšanas sastāvdaļas:

sasmalcināti zaļie sīpoli pasniegšanai

Ievietojiet visas sastāvdaļas, izņemot makaronus, vegānu sieru un garnējuma sastāvdaļas, lēnajā plīts.

Samaisa un pārklāj.

Vāra uz lielas uguns 4 stundas vai uz zemas uguns 7 stundas.

Pievienojiet makaronus un vāriet uz lielas uguns 18 minūtes vai līdz makaroni ir al dente

Pievienojiet 1 glāzi siera un samaisiet.

Pārkaisa ar atlikušo vegānu sieru un dekoratīvajām sastāvdaļām

Elkoņa makaroni Puttanesca

SASTĀVDAĻAS

1 sarkanais sīpols, vidēji sasmalcināts

1 zaļā paprika, sasmalcināta

¼ glāzes kaperu, nosusināti

¼ glāzes olīvu, nosusinātas

15 unces konservētu tomātu mērce

28 unces sasmalcinātu tomātu

4 ēd.k. pesto

1 tējk. Itāļu garšviela

½ tējkarotes sāls

1/8 tējkarotes melnie pipari

2 glāzes dārzeņu buljona

8 unces neapstrādāti pilngraudu makaroni

1 ½ glāzes vegānu siera (uz tofu bāzes)

Dekorēšanas sastāvdaļas:

sasmalcināti zaļie sīpoli pasniegšanai

Ievietojiet visas sastāvdaļas, izņemot makaronus, vegānu sieru un garnējuma sastāvdaļas, lēnajā plīts.

Samaisa un pārklāj.

Vāra uz lielas uguns 4 stundas vai uz zemas uguns 7 stundas.

Pievienojiet makaronus un vāriet uz lielas uguns 18 minūtes vai līdz makaroni ir al dente

Pievienojiet 1 glāzi siera un samaisiet.

Pārkaisa ar atlikušo vegānu sieru un dekoratīvajām sastāvdaļām

Spageti Puttanesca

SASTĀVDAĻAS

1 sarkanais sīpols, vidēji sasmalcināts

1 zaļā paprika, sasmalcināta

¼ glāzes kaperu, nosusināti

¼ glāzes melno olīvu, nosusinātas

15 oz tomātu mērce

28 unces sasmalcinātu tomātu

2 ēd.k. Tomātu mērce

1 tējk. baziliks

1 tējk. Itāļu garšviela

½ tējkarotes sāls

1/8 tējkarotes melnie pipari

2 glāzes dārzeņu buljona

8 unces neapstrādātas spageti nūdeles

1 ½ glāzes vegānu siera (uz tofu bāzes)

Dekorēšanas sastāvdaļas:

sasmalcināti zaļie sīpoli pasniegšanai

Ievietojiet visas sastāvdaļas, izņemot makaronus, vegānu sieru un garnējuma sastāvdaļas, lēnajā plīts.

Samaisa un pārklāj.

Vāra uz lielas uguns 4 stundas vai uz zemas uguns 7 stundas.

Pievienojiet makaronus un vāriet uz lielas uguns 18 minūtes vai līdz makaroni ir al dente

Pievienojiet 1 glāzi siera un samaisiet.

Pārkaisa ar atlikušo vegānu sieru un dekoratīvajām sastāvdaļām

Pappardelle Pasta Puttanesca

SASTĀVDAĻAS

1 sarkanais sīpols, vidēji sasmalcināts

15 oz tomātu mērce

¼ glāzes kaperu, nosusināti

28 unces sasmalcinātu tomātu

1/4 tase vegānu chorizo, rupji sagriezta

1 tējk. kaltēts timiāns

½ tējkarotes sāls

1/8 tējkarotes melnie pipari

2 glāzes dārzeņu buljona

8 unces pappardelle makaronu neapstrādāti

1 ½ glāzes vegānu siera (uz tofu bāzes)

Dekorēšanas sastāvdaļas:

sasmalcināti zaļie sīpoli pasniegšanai

Ievietojiet visas sastāvdaļas, izņemot makaronus, vegānu sieru un garnējuma sastāvdaļas, lēnajā plīts.

Samaisa un pārklāj.

Vāra uz lielas uguns 4 stundas vai uz zemas uguns 7 stundas.

Pievienojiet makaronus un vāriet uz lielas uguns 18 minūtes vai līdz makaroni ir al dente

Pievienojiet 1 glāzi siera un samaisiet.

Pārkaisa ar atlikušo vegānu sieru un dekoratīvajām sastāvdaļām

Penne makaroni ar zaļajiem tomātiem Chimichurri mērcē

SASTĀVDAĻAS

1 sarkanais sīpols, vidēji sasmalcināts

1 zaļā paprika, sasmalcināta

1 glāze zaļie tomāti, sasmalcināti

¼ glāzes kaperu, nosusināti

4 ēd.k. chimichurri mērce

1/2 tējk. Kajenna

½ tējkarotes sāls

1/8 tējkarotes melnie pipari

2 glāzes dārzeņu buljona

8 unces penne makaronu termiski neapstrādāti

1 ½ glāzes vegānu siera (uz tofu bāzes)

Dekorēšanas sastāvdaļas:

sasmalcināti zaļie sīpoli pasniegšanai

Ievietojiet visas sastāvdaļas, izņemot makaronus, vegānu sieru un garnējuma sastāvdaļas, lēnajā plīts.

Samaisa un pārklāj.

Vāra uz lielas uguns 4 stundas vai uz zemas uguns 7 stundas.

Pievienojiet makaronus un vāriet uz lielas uguns 18 minūtes vai līdz makaroni ir al dente

Pievienojiet 1 glāzi siera un samaisiet.

Pārkaisa ar atlikušo vegānu sieru un dekoratīvajām sastāvdaļām

Krēmveida Elbow Mac un vegānu siers

SASTĀVDAĻAS

1 sarkanais sīpols, vidēji sasmalcināts

1 zaļā paprika, sasmalcināta

8 unces vegāna krējuma siers

15 unces konservētu tomātu mērce

28 unces sasmalcinātu tomātu

4 ēd.k. vegāniskais krēmsiers

1 tējk. Provansas garšaugi

½ tējkarotes sāls

1/8 tējkarotes melnie pipari

2 glāzes dārzeņu buljona

8 unces neapstrādāti pilngraudu makaroni

1 ½ glāzes vegānu siera (uz tofu bāzes)

Dekorēšanas sastāvdaļas:

sasmalcināti zaļie sīpoli pasniegšanai

Ievietojiet visas sastāvdaļas, izņemot makaronus, vegānu sieru un garnējuma sastāvdaļas, lēnajā plīts.

Samaisa un pārklāj.

Vāra uz lielas uguns 4 stundas vai uz zemas uguns 7 stundas.

Pievienojiet makaronus un vāriet uz lielas uguns 18 minūtes vai līdz makaroni ir al dente

Pievienojiet 1 glāzi siera un samaisiet.

Pārkaisa ar atlikušo vegānu sieru un dekoratīvajām sastāvdaļām

Farfalle makaroni ar vegānu krējuma siera tomātu mērci

SASTĀVDAĻAS

1 dzeltens sīpols, vidēji sasmalcināts

1 sarkanā paprika, sasmalcināta

8 oz., vegānu krējuma siers

15 oz tomātu mērce

28 unces sasmalcinātu tomātu

1/4 tase zaļās olīvas

2 ēd.k. kaperi

½ tējkarotes sāls

1/8 tējkarotes melnie pipari

2 glāzes dārzeņu buljona

8 unces farfalle makaroni termiski neapstrādāti

1 ½ glāzes vegānu siera (uz tofu bāzes)

Dekorēšanas sastāvdaļas:

sasmalcināti zaļie sīpoli pasniegšanai

Ievietojiet visas sastāvdaļas, izņemot makaronus, vegānu sieru un garnējuma sastāvdaļas, lēnajā plīts.

Samaisa un pārklāj.

Vāra uz lielas uguns 4 stundas vai uz zemas uguns 7 stundas.

Pievienojiet makaronus un vāriet uz lielas uguns 18 minūtes vai līdz makaroni ir al dente

Pievienojiet 1 glāzi siera un samaisiet.

Pārkaisa ar atlikušo vegānu sieru un dekoratīvajām sastāvdaļām

Makaronu čaumalas ar tomātu mērci

SASTĀVDAĻAS

1 sarkanais sīpols, vidēji sasmalcināts

15 unces konservētu tomātu mērce

28 unces sasmalcinātu tomātu

3 unces vegāniskās mocarellas

1 tējk. Itāļu garšviela

½ tējkarotes sāls

1/8 tējkarotes melnie pipari

2 glāzes dārzeņu buljona

8 unces neapstrādātu makaronu čaumalu

1 ½ glāzes vegānu siera (uz tofu bāzes)

Dekorēšanas sastāvdaļas:

sasmalcināti zaļie sīpoli pasniegšanai

Ievietojiet visas sastāvdaļas, izņemot makaronus, vegānu sieru un garnējuma sastāvdaļas, lēnajā plīts.

Samaisa un pārklāj.

Vāra uz lielas uguns 4 stundas vai uz zemas uguns 7 stundas.

Pievienojiet makaronus un vāriet uz lielas uguns 18 minūtes vai līdz makaroni ir al dente

Pievienojiet 1 glāzi siera un samaisiet.

Pārkaisa ar atlikušo vegānu sieru un dekoratīvajām sastāvdaļām

Elkoņa makaroni ar sarkano pesto

SASTĀVDAĻAS

1 sarkanais sīpols, vidēji sasmalcināts

1 zaļā paprika, sasmalcināta

¼ glāzes sarkanā pesto

15 unces konservētu tomātu mērce

28 unces sasmalcinātu tomātu

2 ēd.k. Tomātu mērce

1 tējk. baziliks

1 tējk. Itāļu garšviela

½ tējkarotes sāls

1/8 tējkarotes melnie pipari

2 glāzes dārzeņu buljona

8 unces neapstrādāti pilngraudu makaroni

1 ½ glāzes vegānu siera (uz tofu bāzes)

Dekorēšanas sastāvdaļas:

sasmalcināti zaļie sīpoli pasniegšanai

Ievietojiet visas sastāvdaļas, izņemot makaronus, vegānu sieru un garnējuma sastāvdaļas, lēnajā plīts.

Samaisa un pārklāj.

Vāra uz lielas uguns 4 stundas vai uz zemas uguns 7 stundas.

Pievienojiet makaronus un vāriet uz lielas uguns 18 minūtes vai līdz makaroni ir al dente

Pievienojiet 1 glāzi siera un samaisiet.

Pārkaisa ar atlikušo vegānu sieru un dekoratīvajām sastāvdaļām

Pappardelle makaroni ar 2 veidu pesto

SASTĀVDAĻAS

1 sarkanais sīpols, vidēji sasmalcināts

1 zaļā paprika, sasmalcināta

15 unces pupiņu kārba, noskalota un nosusināta

15 unces pupiņu, noskalotas un nosusinātas

28 unces sasmalcinātu tomātu

4 ēd.k. pesto

4 ēd.k. sarkanais pesto

1 tējk. Itāļu garšviela

½ tējkarotes sāls

1/8 tējkarotes melnie pipari

2 glāzes dārzeņu buljona

8 unces pappardelle makaronu neapstrādāti

1 ½ glāzes vegānu siera (uz tofu bāzes)

Dekorēšanas sastāvdaļas:

sasmalcināti zaļie sīpoli pasniegšanai

Ievietojiet visas sastāvdaļas, izņemot makaronus, vegānu sieru un garnējuma sastāvdaļas, lēnajā plīts.

Samaisa un pārklāj.

Vāra uz lielas uguns 4 stundas vai uz zemas uguns 7 stundas.

Pievienojiet makaronus un vāriet uz lielas uguns 18 minūtes vai līdz makaroni ir al dente

Pievienojiet 1 glāzi siera un samaisiet.

Pārkaisa ar atlikušo vegānu sieru un dekoratīvajām sastāvdaļām

Penne makaroni ar kaperiem un vegānisku chorizo

SASTĀVDAĻAS

1 ančo čili

1 sarkanais sīpols

15 unces konservētu tomātu mērce

¼ glāzes kaperu, nosusināti

28 unces sasmalcinātu tomātu

1/4 tase vegānu chorizo, rupji sagriezta

1 tējk. kaltēts timiāns

½ tējkarotes sāls

1/8 tējkarotes melnie pipari

2 glāzes dārzeņu buljona

8 unces penne makaronu termiski neapstrādāti

1 ½ glāzes vegānu siera (uz tofu bāzes)

Dekorēšanas sastāvdaļas:

sasmalcināti zaļie sīpoli pasniegšanai

Ievietojiet visas sastāvdaļas, izņemot makaronus, vegānu sieru un garnējuma sastāvdaļas, lēnajā plīts.

Samaisa un pārklāj.

Vāra uz lielas uguns 4 stundas vai uz zemas uguns 7 stundas.

Pievienojiet makaronus un vāriet uz lielas uguns 18 minūtes vai līdz makaroni ir al dente

Pievienojiet 1 glāzi siera un samaisiet.

Pārkaisa ar atlikušo vegānu sieru un dekoratīvajām sastāvdaļām

Garbanzo pupiņas ar kvinoju

SASTĀVDAĻAS

6 zaļās paprikas

1 glāze neapstrādātas kvinojas, noskalota

1 14 unces garbanzo pupiņu kārba, noskalota un nosusināta

1 14 unču bundža pinto pupiņu

1 1/2 glāzes sarkanās enčiladas mērces

2 ēd.k. Tomātu mērce

1 tējk. baziliks

1 tējk. Itāļu garšviela

1/2 tējkarotes ķiploku pulvera

½ tējk. jūras sāls

1 1/2 glāzes rīvēta vegānu siera (zīmols Daiya)

Piedevas: koriandrs, avokado.

Nogrieziet paprikas kātus.
Noņemiet ribiņas un sēklas.
Labi samaisiet kvinoju, pupiņas, Enchilada mērci, garšvielas un 1 glāzi vegāna siera.

Piepildiet katru piparu ar kvinojas un pupiņu maisījumu.

Lēnā plītī ielejiet pusi tases ūdens.

Ievietojiet papriku lēnajā plītī (daļēji iegremdētu).

Uzliek vāku un vāra uz zemas uguns 6 stundas vai uz lielas uguns 3 stundas.

Nosedziet un papriku virsū uzklājiet atlikušo vegānu sieru un pārklājiet 4-5 minūtes, lai siers izkūst.

Virsu rotā ar koriandru un avokado

Vegāns Bolognese

Sastāvdaļas

1 liels saldais sarkanais sīpols, sagriezts kubiņos

2 burkāni, kubiņos

3 selerijas kāti, sagriezti kubiņos

12 ķiploka daiviņas, maltas

Jūras sāls

Melnie pipari

1 16-unču maisiņš žāvētas lēcas, izskalotas un lobītas

2 28-unču kārbas sasmalcinātu tomātu

5 glāzes dārzeņu zupas

1 lauru lapa

2 ēdamkarotes žāvēta bazilika

2 tējkarotes žāvētu pētersīļu

1 tējkarote rupjā jūras sāls

1/2 – 1 tējkarote sasmalcinātu sarkano piparu pārslu

Sīpolu, burkānu, seleriju un ķiploku rūpīgi samaisa, tad pievieno sāli un piparus.

Pievienojiet pārējās sastāvdaļas un kārtīgi samaisiet

Vāra uz lēnas uguns 4 1/2 stundas vai līdz lēcas sāk mīkstināt un mērce sabiezē.

Pielāgojiet garšvielas, lai pēc garšas pievienotu vairāk sāli un piparus.

Brūno rīsu vegānu burrito bļoda

Sastāvdaļas

1 sarkanais sīpols, kubiņos vai plānās šķēlītēs

1 zaļā paprika (es izmantoju dzelteno), sagriezta kubiņos

1 maigs sarkans čili, smalki sagriezts

1½ glāzes melnās pupiņas, nosusinātas

1 glāze neapstrādātu brūno rīsu

1 ½ glāzes sasmalcinātu tomātu

½ tase ūdens

1 ēdamkarote chipotle asās mērces (vai citas iecienītākās asās mērces)

1 tējk kūpināta paprika

1/2 tējkarotes maltas ķimenes

Jūras sāls

Melnie pipari

Piedevās ietilpst svaigs cilantro (koriandrs), sasmalcināti lociņi, sagriezts avokado, gvakamole utt.

Apvienojiet visas burito bļodas sastāvdaļas (nevis virskārtas) lēnajā plītī.

Vāra uz lēnas uguns 3 stundas vai līdz rīsi ir gatavi.

Pasniedziet karstu ar cilantro, pavasara sīpoliem, avokado un gvakamolu.

Balto pupiņu burrito bļoda ar Chimichurri mērci

Sastāvdaļas

1 ančo čili, kubiņos

1 sarkanais sīpols, kubiņos

1 maigs sarkans čili, smalki sagriezts

1 1/2 glāzes balto pupiņu

1 glāze neapstrādātu balto rīsu

1 1/2 glāzes sasmalcinātu tomātu

1/2 tase ūdens

4 ēd.k. chimichurri mērce

1/2 tējk. Kajenna

Jūras sāls

Melnie pipari

Piedevas: svaigs cilantro (koriandrs), sasmalcināti lociņi, sagriezts avokado, gvakamole utt.

Apvienojiet visas burito bļodas sastāvdaļas (nevis virskārtas) lēnajā plītī.

Vāra uz lēnas uguns 3 stundas vai līdz rīsi ir gatavi.

Pasniedziet karstu ar virskārtas sastāvdaļām

Garbanzo pupiņu burrito bļoda ar pesto

Sastāvdaļas

5 kubiņos sagriezti halapeno pipari

1 sarkanais sīpols, kubiņos

1 maigs sarkans čili, smalki sagriezts

1 ½ glāzes garbanzo pupiņas, nosusinātas

1 glāze neapstrādātu sarkano rīsu

1 ½ glāzes sasmalcinātu tomātu

½ tase ūdens

4 ēd.k. pesto

1 tējk. Itāļu garšviela

Jūras sāls

Melnie pipari

Piedevas: svaigs cilantro (koriandrs), sasmalcināti lociņi, sagriezts avokado, gvakamole utt.

Apvienojiet visas burito bļodas sastāvdaļas (nevis virskārtas) lēnajā plītī.

Vāra uz lēnas uguns 3 stundas vai līdz rīsi ir gatavi.

Pasniedziet karstu ar virskārtas sastāvdaļām

Melno rīsu burrito bļoda ar vegāniem Chorizos

Sastāvdaļas

5 serrano pipari, sagriezti kubiņos

1 sarkanais sīpols, kubiņos

1 maigs sarkans čili, smalki sagriezts

1 1/2 glāzes jūras pupiņas, nosusinātas

1 glāze neapstrādātu melno rīsu

1 1/2 glāzes sasmalcinātu tomātu

1/2 tase ūdens

1/4 tase vegānu chorizo, rupji sagriezta

1 tējk. kaltēts timiāns

Jūras sāls

Melnie pipari

Piedevas: svaigs cilantro (koriandrs), sasmalcināti lociņi, sagriezts avokado, gvakamole utt.

Apvienojiet visas burito bļodas sastāvdaļas (nevis virskārtas) lēnajā plītī.

Vāra uz lēnas uguns 3 stundas vai līdz rīsi ir gatavi.

Pasniedziet karstu ar virskārtas sastāvdaļām

Franču stila burrito bļoda

Sastāvdaļas

1 Anaheimas pipari, sagriezti kubiņos

1 sarkanais sīpols, kubiņos

1 maigs sarkans čili, smalki sagriezts

1 1/2 glāzes balto pupiņu

1 glāze neapstrādātu balto rīsu

1 1/2 glāzes sasmalcinātu tomātu

1/2 tase ūdens

4 ēd.k. vegāniskais krēmsiers, plānās šķēlītēs

1 tējk. Provansas garšaugi

Jūras sāls

Melnie pipari

Piedevas: svaigs cilantro (koriandrs), sasmalcināti lociņi, sagriezts avokado, gvakamole utt.

Apvienojiet visas burito bļodas sastāvdaļas (nevis virskārtas) lēnajā plītī.

Vāra uz lēnas uguns 3 stundas vai līdz rīsi ir gatavi.

Pasniedziet karstu ar virskārtas sastāvdaļām

Chipotle Burrito bļoda

Sastāvdaļas

5 serrano pipari, sagriezti kubiņos

1 sarkanais sīpols, kubiņos

1 maigs sarkans čili, smalki sagriezts

1 1/2 glāzes jūras pupiņas, nosusinātas

1 glāze neapstrādātu melno rīsu

1 1/2 glāzes sasmalcinātu tomātu

1/2 tase ūdens

1 ēdamkarote chipotle asās mērces (vai citas iecienītākās asās mērces)

1 tējk kūpināta paprika

1/2 tējkarotes maltas ķimenes

Jūras sāls

Melnie pipari

Piedevas: svaigs cilantro (koriandrs), sasmalcināti lociņi, sagriezts avokado, gvakamole utt.

Apvienojiet visas burito bļodas sastāvdaļas (nevis virskārtas) lēnajā plītī.

Vāra uz lēnas uguns 3 stundas vai līdz rīsi ir gatavi.

Pasniedziet karstu ar virskārtas sastāvdaļām

Plūmju tomātu artišoka un napas kāpostu salāti

Sastāvdaļas:

5 vidēji plūmju tomāti, pārgriezti uz pusēm gareniski, izsēti un plānās šķēlītēs

1 glāze konservētu artišoku

1/2 vidēja Napa kāpostu, plānās šķēlēs

Ģērbšanās

¼ glāzes neapstrādātas augstākā labuma olīveļļas

2 pilieni baltvīna etiķa

Rupja sāls un melnie pipari

Sagatavošana

Sajauc visas mērces sastāvdaļas.

Sajauc ar pārējām sastāvdaļām un labi samaisa.

Marinēti gurķi, vīnogas un kukurūzas salāti

Sastāvdaļas:

1/2 tase marinēti gurķi

10 gab. sarkanās vīnogas

1/2 tase konservētas kukurūzas

1 liels gurķis, gareniski uz pusēm un plānās šķēlītēs

Ģērbšanās

¼ glāzes neapstrādātas augstākā labuma olīveļļas

2 pilieni baltvīna etiķa

Rupja sāls un melnie pipari

Sagatavošana

Sajauc visas mērces sastāvdaļas.

Sajauc ar pārējām sastāvdaļām un labi samaisa.

Tomatillos ķiršu un spinātu salāti

Sastāvdaļas:

10 tomāti gareniski pārgriezti uz pusēm, izņemti serdes un plānās šķēlēs

1/4 tase ķiršu

1 ķekars spinātu, noskalo un notecina

12 gab. melnās vīnogas

Ģērbšanās

¼ glāzes neapstrādātas augstākā labuma olīveļļas

2 ēd.k. Ābolu etiķis

Rupja sāls un melnie pipari

Sagatavošana

Sajauc visas mērces sastāvdaļas.

Sajauc ar pārējām sastāvdaļām un labi samaisa.

Ābolu sarkano kāpostu un ķiršu salāti

Sastāvdaļas:

1 glāze Fuji āboli, sagriezti kubiņos

1/2 vidēja sarkanā kāposta, plānās šķēlēs

1/4 tase ķiršu

1/4 baltā sīpola, nomizoti, gareniski uz pusēm un plānās šķēlītēs

1 liels gurķis, gareniski uz pusēm un plānās šķēlītēs

Ģērbšanās

¼ glāzes neapstrādātas augstākā labuma olīveļļas

2 pilieni baltvīna etiķa

Rupja sāls un melnie pipari

Sagatavošana

Sajauc visas mērces sastāvdaļas.

Sajauc ar pārējām sastāvdaļām un labi samaisa.

Plūmju tomātu ābolu un sarkano kāpostu salāti

Sastāvdaļas:

5 vidēji plūmju tomāti, pārgriezti uz pusēm gareniski, izsēti un plānās šķēlītēs

1 glāze Fuji āboli, sagriezti kubiņos

1/2 vidēja sarkanā kāposta, plānās šķēlēs

1/4 tase ķiršu

Ģērbšanās

¼ glāzes neapstrādātas augstākā labuma olīveļļas

2 pilieni baltvīna etiķa

Rupja sāls un melnie pipari

Sagatavošana

Sajauc visas mērces sastāvdaļas.

Sajauc ar pārējām sastāvdaļām un labi samaisa.

Plūmju tomātu kāpostu ananāsu un mango salāti

Sastāvdaļas:

5 vidēji plūmju tomāti, pārgriezti uz pusēm gareniski, izsēti un plānās šķēlītēs

1 ķekars kāpostu, noskalo un notecina

1 glāze konservētu ananāsu gabaliņu

1 glāze kubiņos sagrieztu mango

Ģērbšanās

¼ glāzes neapstrādātas augstākā labuma olīveļļas

2 pilieni baltvīna etiķa

Rupja sāls un melnie pipari

Sagatavošana

Sajauc visas mērces sastāvdaļas.

Sajauc ar pārējām sastāvdaļām un labi samaisa.

Kāpostu ananāsu mango un gurķu salāti

Sastāvdaļas:

1 ķekars kāpostu, noskalo un notecina

1 glāze konservētu ananāsu gabaliņu

1 glāze kubiņos sagrieztu mango

1 liels gurķis, gareniski uz pusēm un plānās šķēlītēs

Ģērbšanās

¼ glāzes neapstrādātas augstākā labuma olīveļļas

2 pilieni baltvīna etiķa

Rupja sāls un melnie pipari

Sagatavošana

Sajauc visas mērces sastāvdaļas.

Sajauc ar pārējām sastāvdaļām un labi samaisa.

Tomātu mango un ābolu salāti

Sastāvdaļas:

10 tomāti gareniski pārgriezti uz pusēm, izņemti serdes un plānās šķēlēs

1 glāze kubiņos sagrieztu mango

1 glāze Fuji āboli, sagriezti kubiņos

1/2 vidēja sarkanā kāposta, plānās šķēlēs

Ģērbšanās

¼ glāzes neapstrādātas augstākā labuma olīveļļas

2 ēd.k. Ābolu etiķis

Rupja sāls un melnie pipari

Sagatavošana

Sajauc visas mērces sastāvdaļas.

Sajauc ar pārējām sastāvdaļām un labi samaisa.

Salāti un tomāts ar balzamiko glazūru

Sastāvdaļas:

1 galviņa romiešu salātu, sasmalcināta

4 veseli nogatavojušies tomāti, katru sagriež 6 šķēlēs, tad katru šķēli pārgriež uz pusēm

1 vesels vidējs gurķis, nomizots, gareniski sadalīts ceturtdaļās un sagriezts lielos kubiņos

vegāniskais siers, dekorēšanai

Ģērbšanās

1/4 tase balzamiko etiķa

2 tējkarotes brūnā cukura

1 tējk. ķiploku pulveris

1/2 tējkarotes sāls

1/2 tējkarotes svaigi maltu melno piparu

3/4 tase olīveļļas

Sagatavošana

Visas mērces sastāvdaļas sajauc virtuves kombainā.

Sajauc ar pārējām sastāvdaļām un labi samaisa.

www.ingramcontent.com/pod-product-compliance
Lightning Source LLC
Chambersburg PA
CBHW070414120526
44590CB00014B/1390